긴 작별 인사

오수영

고어라운드

모두가 가까운 이의 죽음을 경험하지만
우리는 서로의 슬픔을 헤아릴 수 없다.

* 일러두기

- 죽음과 상실에 관한 사적인 기록을 엮은 메모집입니다.

- 메모들은 산발적이고, 제목 없이 나열됩니다.

- 작가 특유의 문체를 지키기 위한 비문이 포함되어 있습니다.

순간과 기억

2020 ~ 2022

개정 서문

이 책은 애도 일기로 분류된다. 그 사실을 책이 출간된 후 뒤늦게 알게 되었다.

엄마의 죽음과 상실을 온전히 인정하고 감당하는 지난한 세월 동안 묵묵히 기록을 남긴 이유는 다름 아닌 나 자신을 위해서였다. 어떤 방식으로든 억눌린 감정을 표출하지 않으면 엄마의 부재와는 아랑곳없이 흘러가는 세상을 한없이 원망할 듯했고, 그 기록을 물성을 띤 사물로 남겨두지 않으면 기억도 무력하게 지워질 것이라 믿었다. 그렇게 내게 가장 익숙한 방식으로 슬픔을 희석하고, 기억을 봉인하려 애쓰던 모든 일이 결국 애도의 일환이었다는 것을 그때는 알지 못했다.

개정 작업을 통해 마침내 엄마를 지칭하는 말을 변경했다. 초판에서는 '엄마'라는 말 대신 줄곧 '그녀'라는 삼인칭 대명사를 썼는데 아무래도 엄마의 죽음과 거리가 너무 가까웠던 시절이라 엄마라는 말을 떠올릴 때마다 마음이 무너졌기 때문이다. 다시 엄마라는 말을 되찾았다는 것은 내 마음도 비로소 슬픔과 아픔보다는 그리움과 고마움으로 전환되었다는 의미가 아닐까.

일평생 엄마라는 말처럼 가장 많이 부르는 단어도 없을 것이다. 인생의 맨 처음부터 마지막 순간까지, 심지어 엄마가 눈앞에 존재하지 않는 순간에도 무심코 습관처럼 부르는 그 말. 어쩌면 나는 그 말을 가까스로 되찾은 이제야 비로소 엄마를 제대로 그리워할 수 있게 되었는지도 모른다.

다시, 이 책은 애도 일기로 분류된다. 애도의 사전적 의미는 사람의 죽음을 슬퍼한다는 뜻이다. 그렇다면 만약 슬픔과 아픔의 기간이 모두 끝났다면, 엄마의 사진을 바라보며 눈물보다 미소를 머금을 수 있다면, 그때는 이 책을 무엇이라 불러야 할까. 죽음과 상실에 관한 기록인 만큼 여전히 애도 일기로 불려야 할까.

물론 그럴 것이다. 하지만 공연히 혼자만의 고집을 부리자면, 이 책은 세상의 분류와는 상관없이 내게는 단지 엄마에 관한 이야기일 뿐이다. 시간의 흐름은 슬픈 작별 인사를 그리운 안부 인사로 바꿔주기도 한다는 것을 새롭게 깨닫는 날들이다.

기쁨도 슬픔도 결국 모두 배움이 되는 걸까. 인생 앞에서 섣부른 판단과 다짐은 금물이겠지만, 앞으로는 어떤 행복과 불행이 찾아오든 그 시간을 엄마가 내게 전해주는 경험과 배움의 기회로 생각하며, 그렇게 내게 주어진 생을 최대한의 정성으로 살아내고 싶다.

그것만이 엄마가 내게 남긴 사랑을 조금 더 이해하고 지켜내는 유일한 방식이라는 믿음으로.

2024년 9월
오수영

초판 서문

그녀의 기일 2주기를 보내며.

실은 이 책은 작년에 출간될 예정이었다. 하지만 원고를 정리하며 아직은 내가 상실을 정면으로 바라볼 준비가 되어있지 않다는 걸 깨닫고는, 해당 원고를 서랍 속에 넣어둔 채 순서를 바꿔 다른 책을 먼저 출간했다. 아마도 그때의 나는 상실의 한가운데에 함몰되어 낯선 변화와 감정의 정체를 온전히 받아들일 수 없었던 상태였을 것이다.

그 후로 다시 일 년이 흘렀다. 빈자리는 여전했지만, 나는 서서히 변화에 익숙해지고 있었다. 그러다 서랍 속 원고를 다시 꺼내 들던 순간, 작년과는 조금 다른 감정이 내게 찾아왔음을 알게 되었다. 태풍이 지나간 뒤 잔잔해진 바다처럼 나는 이상할 정도로 담담해져 있었다. 파고는 여전히 높았지만, 이제는 그 여파 속으로 몸을 던져봐도 휩쓸리지 않을 것이라 믿으며 슬픔의 메모들을 한데 묶었다.

　돌이켜보면 내가 상실의 슬픔에 잠겨있을 때, 애써 사람에게서 위안을 찾는 것보다는 홀로 마음을 다스리며 메모를 기록하는 편이 정신의 안정과, 변화의 수용에 커다란 도움이 된 듯하다. 그건 아마도 내가 종교도 없을뿐더러 내향적인 편이라 기댈 곳이 마땅치 않았기 때문일지도.

　결국 메모는 내가 할 수 있는 유일한 애도의 방식이었는지도 모른다. 나의 서툰 애도가 그녀에게는 따뜻한 포옹으로 전해지길 바라며. 긴 작별 인사를 건넨다.

2022년 1월
오수영

목차

겨울 15

다시, 겨울 75

그리고, 봄 175

*

겨울

1.

달리는 버스 창밖으로 눈이 내린다. 가로수에 남겨진 건 앙상한 가지뿐인 혹한의 겨울. 눈발이 점점 거세져 버스 속도가 느려진다. 어느새 저 멀리 납골당도 시야에서 멀어진다. 아빠는 내 옆에 나란히 앉아 아무런 말이 없다. 며칠 새 유난히 수척해진 모습이다. 주위에 앉은 친척들도 지친 기색이 역력하다. 모두가 검은 양복의 사람들. 삼 일간 장례식장에서 매일을 마주하던 이들이다.

불면의 밤이 쌓은 두통이 한꺼번에 몰려온다. 얼마나 오랫동안 깨어있던 걸까. 커다란 상실 앞에서 두통 같은 건 한없이 무감각할 뿐이다. 슬픔에 젖은 사람들로 가득한 버스가 흩날리는 눈발을 가로질러 새하얀 침묵의 세계로 나아간다. 우리는 모두 한 사람을 잃은 채 각자의 삶으로 돌아가는 사람들. 버스가 도착하는 곳에는 어떤 낯선 풍경이 우리를 기다리고 있을까.

2.

　모두가 떠나고 아빠와 나, 둘만 남겨졌다. 우리는 아무런 말없이 집으로 향한다. 현관 앞에는 며칠간 쌓인 전단지와 우유갑들이 가지런히 놓여있다. 아마도 옆집 이웃이 우리의 사정을 알고 대신 정리해줬을 것이다.

　평소와 다를 것 없는 집이지만, 이제는 엄마가 없다. 다른 모든 게 똑같지만 오직 엄마만 없는 우리 집에 들어서며 낯선 이질감을 느낀다. 그녀가 퇴원하면 필요할지도 모른다며 아빠가 미리 마련해둔 병상과 휠체어가 안방의 절반을 차지하고 있다. 나는 애써 고개를 돌린다.

　어제까지 무슨 일을 겪은 것인지 생각과 감정이 마비되어 온전히 작동하지 않는다. 물론 잘 알고 있지만, 어쩐지 나와는 상관없는 다른 사람의 일처럼 느껴진다. 지금은 단지 방전된 전자기기처럼 깊은 잠에 빠져들고 싶다.

3.

저녁 어스름이 방을 가득 메우고 있다. 창밖엔 여전히 눈이 내린다. 잠든 새 쌓인 눈으로 온통 하얗게 물든 거리. 눈을 만난 아이들의 웃음소리가 메아리처럼 끊임없이 울려 퍼진다. 아파트 단지 곳곳에 새로 태어난 눈사람 가족은 한껏 멋을 부린 채 행복한 모습이다.

아빠는 아직 거실에 잠들어 있다. 잠에 빠진 아빠의 얼굴이 고통스러워 보인다. 유난히 도드라진 그의 광대뼈에 눈길이 머문다. 엄마의 병간호를 시작한 후로 아빠는 체중이 급격히 줄었다. 모든 옷이 헐렁해지고, 얼굴에서 웃음이 사라져가던 메마른 날들.

그 시간 동안 나는 줄곧 멀리 떨어져 살았다. 전염병 시대의 항공사 승무원으로 늘 외국을 떠돌던 나는 해외 입국자로 분류되어 면회조차 쉽지 않았다. 내가 엄마 곁에 다가갈 수 없는 날들이 이어졌고, 그렇게 아빠는 홀로 엄마의 곁을 지켰다.

잠든 아빠의 곁에 나란히 누워본다. 지금이 몇 시인지 궁금하지 않다. 다만 조금만 더 잠들고 싶다. 폭설에 잠긴 것처럼 길고 깊숙한 잠에 빠져들고 싶다. 아빠가 오늘만큼은 아무런 꿈도 꾸지 않기를 바란다. 잠에서 깨어나면 마주해야 할 현실을 조금 더 미룰 수 있기를.

멀리서 들려오는 아이들의 기괴한 웃음소리가 끊이질 않는다. 마음은 고독과 고립이 절실한데 세상은 지나치게 차갑고 소란스럽다.

4.

무기력하고, 공허하다. 침대와 소파가 나를 심연의 세상에 감금한 것처럼 도무지 몸을 일으킬 수 없고, 간단한 집안일조차 결심하기까지 며칠이 걸린다. 시간이 흐를수록 낯선 현상과 변화들에 무력하게 휩쓸리며 내가 알던 나와는 거리가 먼 모습이 된다.

슬픔의 민낯을 목격한 적 없으니 지금 나를 조종하는 유령의 정체가 슬픔이라는 것을 확신할 수 없다. 마음은 역류하고, 생각은 배회한다. 일상을 엄습한 불안에 삶의 중심을 잃어가고 있지만, 나는 단지 가만히 누워 유령이 나를 농락하는 모습을 관조할 뿐이다.

5.

 어째서 고인의 물건은 모두 버려야만 하는 걸까. 그럼 그 사람을 간직할 게 아무것도 남지 않는데.

 간직하기 위해 남겨두는 일에 무슨 이유가 더 필요할까. 고인이 편히 떠나지 못한다거나, 산 사람에게 좋지 않은 기운을 끼친다는 미신 같은 이야기는 믿고 싶은 사람들만 믿으면 되는 일.
 죽지 않는 사람은 없고, 사람이 죽지 않은 장소도 없다. 지금 앉아있는 장소도 오래전 누군가는 죽음을 맞이한 장소일 것이다. 불길한 건 사람마다 깃든 각기 다른 생각과 믿음이지, 죽음 자체가 불길한 건 아니다. 오히려 죽음은 지극히도 자연스러운 일.

 간직하기 위해 기억에만 의존할 수는 없다. 기억은 액체처럼 담는 그릇에 따라 모습을 바꾸며 매 순간 나를 속인다. 고인의 물건을 모두 버릴 필요는 없다. 적어도 내 삶에서는 그렇다. 사람의 마음은 세상의 모든 규칙과 믿음을 허물 수 있다고, 그렇게 믿는다.

6.

엄마가 긴 산책에서 돌아오지 않는 듯했다.

홀연히 떠난 산책길에서 둘러본 풍경이 너무도 아름다워서, 떠나간 길을 되돌아오는데 생각보다 오랜 시간이 걸리는 것 같았다.

마지막 산책길에서 둘러본 풍경이 자신이 걸어온 인생의 모습이라면, 그녀가 바라본 풍경은 어떠했을까.

가녀리지만 바람에 흔들리지 않는, 숲에서 멀리 떨어진 고독한 한 그루의 나무. 홀로 온 숲의 향기를 뿜어내는, 마음의 반경만은 세상에서 가장 넓은 아름다운 나무.

아마도 그렇게 자신과 닮은 풍경을 바라보다 고요하게 떠나지 않았을까.

7.

그런 광고가 있었다. 어떤 숫자를 사람들에게 띄워 준 채 그 숫자가 의미하는 걸 맞혀보라는. 누구도 정답을 맞히지 못하자 정답에 관한 영상이 흘러나왔다. 영상에는 부모님들의 모습이 담겨 있었다.

숫자는 두 자리였다. 그 숫자는 앞으로 부모님과 만날 수 있는 횟수의 총합이었다. 처음엔 말도 안 된다고 생각했다. 그런데 횟수를 가늠해볼수록 오히려 그 숫자보다 적게 부모님 댁을 방문하게 될 것이라는 계산이 나왔다. 아마도 내가 멀리 떨어져 살기 때문이었을 것이다. 하지만 나와 달리 부모님과 함께 사는 사람들 또한 그 숫자의 의미를 확인하고 당혹감을 감출 수 없기는 마찬가지였다.

그 광고를 보고 내게 주어진 시간이 그리 많지 않다는 걸 깨달았었다. 깨달았음에도 행동으로 옮기는 건 쉽지 않았다. 사는 게 바빠서 그랬다는 변명만 남았다. 최소의 숫자조차 채우지 못하고 나는, 알면서도 나는.

8.

슬픈 세상의 풍경. 하루가 음소거 상태로 흘러간다. 소란스러웠던 세상이 고요하다. 차들이 빼곡한 도로와 사람들이 가득한 거리에서 나는 아무런 소리도 듣지 못한다. 다채롭던 세상은 채도가 지워진 것처럼 흑백으로 남겨진 채 건조하게 반복될 뿐이다. 건망증이 심해진 탓인지 자꾸만 멈춰 서서 생각을 되짚지만, 끝내 기억해내지 못해도 대수롭지 않다. 무의미한 날들 속에서 구태여 의미를 찾아야 할 필요를 느끼지 못한다.

상실의 후유증일까. 증명할 방법은 없겠지만, 나는 심각한 뭔가를 겪고 있다.

9.

엄마의 방, 남겨진 흔적들.

오래된 라디오, 낡은 옷가지, 샘플 화장품들, 사치품이라고는 하나도 없는, 절약이라는 유일한 목표에서 비롯된 모습들.

화장대 한편에 놓인 액자 속 엄마의 증명사진. 내가 입지 않던 바보 같은 옷 중 하나를 대충 걸쳐 입고 어색하게 웃고 있다. 십몇 년 전쯤, 그녀의 면허증 갱신을 위해 찍었던 사진이다. 사진의 용도에 맞게만 찍히면 그만이라는 것처럼, 자신의 모습은 어떻게 나와도 상관없다는 사람의 태도로, 엄마가 사진 속에 담겨있다.

그날 나는 엄마에게 화를 냈다. 어째서 마음대로 내 옷을 입고 찍었느냐고. 실은 그녀의 삶에 그녀는 없고, 오직 나와 아빠만 존재하는 것 같아서.

아무것도 모르던 날들.
어리기만 했던 날들.

옷장 속 아직 엄마의 체취가 남은 옷들에 얼굴을 묻어본다

10.

엄마의 생활 속 메모들이 곳곳에 붙어있다.

찬장, 냉장고, 식탁, 화장대 등등. 특별할 건 없지만 세심한 사람만이 남길 수 있는 흔적들. 수건 사용의 순서, 로션의 개봉 날짜, 안약을 넣은 시간, 식물에 물을 준 날짜, 간단한 조리법과 세탁법 같은 것들.

작은 메모지 위 글자들, 정성껏 쓴 손글씨, 종이에 담긴 마음들. 누군가의 일상을 멈춤 없이 원활하게 작동하게 할 생활 설명서 같다. 직접 보기 위한 메모가 아닌, 수신인이 분명한 메모들. 그 수신인 중 한 명인 나.

나도 메모로 일상을 기록한다. 수신인이 불분명한 메모들. 메모는 내가 세상을 대하는 태도이자, 살아가는 방식, 유일한 발자국, 그녀가 물려준 삶을 향한 창문, 언젠가 곳곳의 흔적이 될 내 생의 순간들.

노랗고 분홍빛이 감도는 메모지들을 하나씩 떼어낸다. 떼어내다 내 손을 떠난 메모지들이 바닥으로 떨어진다. 끝없이 원을 그리며 떨어지는 아름다운 낙엽처럼.

11.

 죽음이란 무엇일까. 한순간 필름이 끊어지고, 연극이 끝난 후 막이 내려오는, 영원한 암전의 세상.

 성장의 시기에는 밤마다 죽음을 떠올렸다. 죽으면 어떻게 될까. 영혼이라는 게 존재할까. 내가 나를 내려다볼 수 있을까. 죽음 이후의 나는 어디로 갈까. 그렇게 뜬눈으로 밤을 지새우던 날들. 종교를 믿는 사람들은 실제로 그들의 믿음처럼 천국이나 지옥에 가게 될까. 윤회하여 다른 무엇으로 태어나 전혀 다른 생을 살아가게 될까. 그곳에도, 그것에도, 의식과 기억이 존재할까. 그래서 삶의 전부였던 사람들을 기억할 수 있을까. 남겨진 우리가 살아가는 삶을 지켜볼 수 있을까.

 다음 생처럼 멀게만 여겨지던 죽음이 어느덧 내 곁에 다가와 팔짱을 낀다. 아무런 말도 없이 나와 함께 나란히 걷는다.

12.

조문객들.

장례식장은 검은 양복을 입은 조문객들로 가득했다. 엄마의 영정 사진이 북적이는 빈소를 정면으로 바라보고 있었다. 다양한 모습과 풍경으로 이뤄진 울창한 사람의 숲을.

사람들. 당연히 와줄 것이라 믿었던 사람들, 당연히 나를 잊었을 것이라 믿었던 사람들, 일면식만 있던 사람들, 일면식도 없던 사람들, 오직 이해관계로 이어진 사람들, 그리고 당연하게도, 알면서도 연락도 없던 사람들.
단순한 기준으로 관계를 판단하는 잔인한 이분법에 마음이 사로잡혔다. 각기 다른 삶의 방식, 차마 용기 내지 못한 마음, 놓쳐버린 적당한 연락의 시기 같은 것들, 어쩌면 모두 내 탓인 일들. 알면서도 서운함이 앞섰다.

각자의 상황이 생각과 마음의 반경을 규정한다.

신뢰, 감사, 후회, 죄책감, 배신, 환멸 같은 감정들도 내 입장과 마음일 뿐이다. 감정들 사이를 부유하느라 현기증이 났다. 엄마의 사진을 바라보며 나는 여전히 관계에 대해 무지한 사람이라고 홀로 중얼거렸다.

13.

 차분한 나는 울지도 않는다. 말수도 적고 눈물도 적다. 언젠가 그런 문장을 썼다. 말수가 적은 사람들은 속으로 많은 말을 한다고. 그렇다면 눈물이 적은 사람들은 울 때도 속으로 우는 걸까. 부끄러움이 많은 걸까. 억눌린 게 많은 걸까. 무엇에 그토록 부끄럽고 억눌린 게 많길래 울어야 할 순간에도 울지 못하는 걸까.

 바보 같은 나는.

14.

조문객들이 접객실에서 식사를 하고 있었다. 모두가 엄숙한 가운데 가끔씩 고성이 오갔다. 무슨 일인가 싶어 바라보면 구석진 테이블에 얼굴이 벌게진 중년의 남성들이 모여서 카드놀이를 하고 있었다. 술을 마시며 시끌벅적하게 현금까지 오갔다. 모두 아빠의 친구들이었다. 조문객들도 나도 그들을 바라보며 인상을 찌푸렸다. 그래도 장례식장인데 너무 한다는 생각이 치밀었다.

그런데 모두가 떠나고 자정이 되었지만, 그들 중 누구도 자리를 뜨지 않았다. 여전히 술을 마시며 카드놀이를 하고 있었다. 그들의 모습을 의아하게 바라보는 내게 누군가 다가와 말했다.

장례식장에서는 저렇게 일부러 시끌벅적하게 놀아야 한다고. 그래야 엄마가 떠나는 길이 외롭지 않을 수 있다고.

그 말을 믿을 순 없었지만, 밤새 접객실 구석에서 쪽잠을 자고 아침까지 자리를 지켜준 그들의 모습이 한편으로는 고맙게 느껴졌다. 그들 말마따나 엄마의 마지막 길이 외롭지 않기만을 바랐다.

15.

 지독히도 현실적인 일들.

 경황이 없는 틈에도 비용 청구와 결제가 이어졌다. 긴 설명을 들으며 뭐가 나은지도 모른 채 적당한 선택을 했고, 수많은 문서에 서명을 한 뒤 송금을 했다. 회사의 담당자에게 연락해 관련 절차를 진행했고, 몇 시간 뒤 회사를 통해 장의용품과 조화가 도착했다.
 알 수 없는 자잘한 비용들이 계속해서 청구되었고, 우리는 이 비용의 구체적인 용도에 대해 의문을 품어보지도 못한 채 현금을 지불했다. 엄숙한 과정과 절차였지만 결국 모든 시작과 끝은 돈이었다. 비탄에 잠긴 사람이 고인의 마지막 길에 비용을 흥정하는 일은 금기처럼 여겨지는 것 같았다.

 비현실적인 감정에 갇힌 채 철저하게 현실적인 일들을 처리하다 보니 어느새 삼일장이 끝난 후였다.

16.

울지 않는 사람들.

엄마는 자신의 엄마가 세상을 떠났을 때 울지 않았다. 엄마는 자신의 동생이 세상을 떠났을 때도 울지 않았다. 나는 울지 않는 그녀를 보면서 냉담하다고 생각했다.

나는 할머니가 세상을 떠났을 때 울지 않았다. 나는 이모가 세상을 떠났을 때도 울지 않았다. 그리고 나는 엄마가 세상을 떠났을 때조차 울지 않았다. 나는 울지 않는 나를 보며 역겹다고 생각했다.

우리는 서로를 닮은 사람들이었다. 닮을 수밖에 없는 사이였다. 극한의 슬픔이 찾아와도 눈물을 흘리지 않았다. 언젠가 할머니의 장례식이 끝나고 엄마가 했던 말이 생각났다.

무너지지 않기 위해 울지 않았다고. 울면 무너질까 봐서 독하게 참아냈다고.

그때는 이해할 수 없었는데 이제 수긍하게 되는 건 역시나 우리가 서로를 닮은 탓일 것이다.

17.

내 품에 꼭 안긴
너무 작고 가벼운 엄마의

18.

 오래전 할머니의 장례식 때, 나는 내게 찾아온 막막한 슬픔의 감정에 휩싸여 장례식장의 외진 곳들을 무작정 걷고 있었다. 그러다 손에 잡히는 연락처로 영문도 없이 전화를 걸었다. 아마도 누군가에게 마음을 털어놓고 싶었던 것 같다. 내 말이 끝날 때까지 잠자코 있던 수화기에서 목소리가 들려왔다.

 미안하지만 무슨 말을 해야 할지 모르겠다. 나는 아직 그런 경험이 없어서.

 그 말을 듣고 나는 알겠다며 곧장 전화를 끊었다. 둔탁한 물체에 얻어맞아 얼얼한 기분이 들었다. 알 수 없는 배신감 같은 걸 느꼈던 것 같다. 나는 무슨 말이 듣고 싶었던 걸까. 내게도 낯설었던 감정을 누군가 어루만져 주길 바랐던 걸까.

그때는 그 말이 잔인하게 느껴졌었는데, 이제는 조금 다르게 생각한다. 그 말은 상실의 고통을 모르던 사람이, 상실이라는 사건을 겪은 사람에게 건넬 수 있던 가장 솔직하고 용감한 말이었다.

19.

 엄마의 장례식 때 내 곁에 앉아있던 그 사람이 갑자기 눈물을 흘리기 시작했다. 그 사람이 그토록 서럽게 우는 모습을 본 적 없었기에 나는 적잖이 놀랐다. 하지만 나부터가 다른 이의 감정을 바라볼 여유가 없었다. 잠시 뒤 그 사람이 입을 열었다.

 너무 착했어. 너무 착해서 그렇게 아파했으면서도 우리한테 말 한마디 하지 않았던 거야. 우리가 걱정할까 봐서. 그래서 그렇게 혼자 앓다 먼저 떠난 거야.

 그 말을 남기고 그 사람은 다시 고개를 숙이고 울기 시작했다. 세상에서 가장 슬픈 울음소리였다. 그 사람의 말이 한 글자씩 칼이 되어 귀에 박혔다. 잘못 들었길 바랐지만 늘 차분한 나는 잘못 듣지도 못했다.
 그 사람의 말은 사실과는 동떨어져 있었다. 엄마는 그들이 걱정할까 봐서 아무런 말도 꺼내지 않았던 게 아니었다. 벽에 부딪혀 깨져버릴 말들을 구태여 꺼낼 필요가 없었던 것뿐. 더는 소모를 위한 기력이 남아있지 않았던 것뿐.

그 사람의 믿음은 굳건했다. 자신에게 가장 편리한 방식으로, 엄마에게 가장 폭력적인 방식으로, 그 사람은 누가 봐도 진심의 눈물을 흘리고 있었다. 늘 곁에 두던 사람을 잃은 것처럼 그렇게 오래도록 끊임없이.

하지만 누구라도 그렇겠지. 누구나 자신에게 유리한 방식으로 상황을 다듬곤 하겠지. 내가 그 사람을 바라보는 시선조차도 그 사람의 내면까지 꿰뚫어 볼 수는 없을 테니까. 어쩌면 원망이 그 사람을 더 몰아세우는 것일지도 모르니까.

그럼에도 불구하고, 그 사람이 남긴 말들은 내게 가장 간편한 방식으로, 아빠에게는 가장 잔인한 방식으로, 받아들여질 수밖에.

눈물. 쏟아내면 그만인 것들. 흘려보내면 진심이 되는 것들. 정작 그 무엇도 고스란히 대변해줄 수 없는 것들.

20.

추모 메시지에 반복적으로 답장을 전한다.

살아가면서 누구나 한번은 겪게 되는 일, 저는 남들보다 조금 서둘러 겪는다고 생각하겠습니다. 잊지 않고 좋은 일로 보답하겠습니다. 연락 주셔서 감사합니다.

21.

 슬픔일 때 침묵하던 사람들이 익살에는 앞다퉈 서로의 문을 두드린다. 알고 보면 그들은 모두 동일한 사람들. 끊어지기 직전의 소매 단추처럼 단지 연결된 사람들. 가늘고 연약하게.

 누구도 모두에게 단단히 연결될 수는 없다. 우리에게는 그럴 여력이 없다. 마음은 한쪽으로 몰리고, 기울 만한 곳으로만 기운다. 마음에도 길을 파둬야 한다는 것을 알지 못했다. 물이 수로를 따라 흘러가듯 마음도 길을 따라 슬픔을 향해 흘러갈 수 있도록.

 타인의 슬픔은 관문이다. 넘어설 의지가 있는 사람만이 문턱에 발을 올려볼 수 있다. 하지만 익살은 어떨까. 낯선 사람도 쉽게 넘어설 수 있는 그곳에는 문턱이 없다. 모두가 넘어올 수 있다는 건 누구도 깊어질 수 없다는 것. 기울지 않은 곳으로 기울어지길 바라는 우스운 마음, 구경 온 사람들이 머물러주길 바라는 가엾은 마음이란.

관계는 단추 같은 것. 때가 되면 바느질 땀으로 다시 매달아야만 하는, 방치만 해두면 어느새 끊어져 버리는. 땅에 떨어진 단추는 더는 결속되지 않는 마음이다. 어디로도 기울 수 없고 누구도 기억하지 않는.

나의 슬픔은 나만의 슬픔이다. 나의 익살은 모두의 웃음이고. 누구에게 슬픔을 꺼내 보일 수 있을까.

단추가 끊어지지 않으려면.

22.

죽음, 사망, 시신, 관, 화장터.
도저히 입에 담을 수 없었던 말들.

23.

 모두가 아빠의 건강을 염려한다. 급격히 빠진 체중에 헐렁이는 옷들과, 더 검게 변한 혈색과, 불안해진 눈빛을 바라보며, 잘 챙겨 먹어야 한다는 말들을 남긴다.

 나 또한 아빠의 건강이 가장 불안하다. 지금보다 더 체중이 줄면 갑자기 쓰러질 수도 있겠다는 생각이 든다. 그래서 기력 회복에 좋다는 건강식품들도 구해봤지만, 단기간에 효과를 볼 수 있을지는 미지수이다.

 오히려 아빠는 담배가 늘었다. 엄마의 핸드폰에 그의 이름이 '금연소원'으로 저장되어 있었을 정도로 그는 애연가였다. 우리의 소원이 바로 그의 금연이었지만, 결국 우리의 소원은 이뤄지지 않았다.

 지금도 아빠는 집 주변의 늘 같은 장소에서 담배를 태우는 중이다. 아파트 위에서 내려다보면 그렇게 쓸쓸해 보일 수 없는 모습이다. 기력을 회복하려면 금연이 우선인 건 분명하겠지만, 이제는 그에게 담배를 끊으라는 말을 차마 할 수가 없다.

지금의 아빠는 몸이 더 망가진대도 담배가 절실할 것이다.

24.

 그날 이후 나는 무기력한 상태에서 헤어나오지 못하고 있다. 무기력을 느끼면서도 습관처럼 기내에서 미소를 지으며 승객들을 응대하고, 강박처럼 억지로 글을 쓰려고 한다. 무엇을 말하고 있는 줄도 모르는 채로, 무엇을 써 내려가고 있는 줄도 모르는 채로.

 엄마의 죽음이 투명한 장막처럼 내 삶을 감싸고 있다는 걸 인식하면서도, 구태여 의식하지 않으려 상실 이외의 생각과 감상들, 그러니까 상실 이전과 전혀 다르지 않은 것처럼 살아내려 애쓰고 있다.
 사람들은 그런 나를 바라보며 침착하다거나 냉혈 인간이라거나 때미디 손쉽게 나의 자아를 단정 짓지만, 나는 단지 사람들의 심정과 주변의 상황이 불편해지는 걸 피하고 싶을 뿐이다. 누군가의 죽음을 알리는 일은 나 자신을 비롯해 주위의 분위기를 한순간 얼어붙게 만드니까.

엄숙해지는 분위기와, 웃음을 지우는 표정들, 수많은 애도의 말들, 어깨를 토닥여주는 손길들, 그 사이에서 나는 고개를 숙이며 감사의 인사를 반복한다.

위태로운 평점심이 중심을 잃고 쓰러진다. 내 안으로 숨고 싶은 마음이 간절해진다. 행동이 아닌 생각에만 잠길 수 있는 곳에서, 누구도 나를 찾을 수 없는 곳에서, 누구도 내게 위안의 말을 건네지 않는 순간이 찾아올 때까지, 모두가 내게 찾아온 슬픔을 망각할 때까지, 그곳에 웅크린 채 숨어 살고 싶다.

25.

　요즘은 자꾸만 남겨진 사람들과 남겨진 사물들에 관한 꿈을 꾼다. 정작 그리운 건 먼저 떠나간 사람의 모습과 목소리 같은 것들이었는데, 역시나 꿈은 간절히 원하는 것을 보여주진 않는다.

　남겨진 것들에 관한 꿈만 계속해서 꾸는 까닭이 있을까. 먼저 떠나간 사람들이 남겨진 우리를 위해 일부러 자신들에 관한 기억까지도 서둘러 데려가려는 걸까. 자신들을 적당히 잊어야만 우리가 계속해서 살아갈 수 있기에 섣불리 꿈에 나타나지 못하는 걸까.

　살다 보면 그들도 툴현듯 꿈에 나타나 주겠지. 설령 나타나 주지 않는대도 괜찮으니, 다만 그들이 편안한 곳에 머물고 있기를 바라는 마음이다.

26.

 죽은 사람들이 거쳐 가는 역이 있다. '림보'라는 이름의 역. 그들은 그곳에서 일주일간 머물다 저승으로 떠날 예정이다. 그동안 그들이 해야 할 일이 한 가지 있다. 인생에서 가장 행복했던 추억 하나를 선택해야 한다는 것. 다른 추억들은 모두 잊은 채로 오직 하나의 추억만을 가슴에 안고 저승으로 떠나야 한다. 고레에다 히로카즈 감독의 영화 「원더풀 라이프」의 이야기이다.

 단 하나만의 추억을 선택하는 일은 그들 누구에게도 쉽지 않다. 하지만 그들은 질문을 처음 접했을 때의 막막함에서 서서히 벗어나 과거를 떠올리기 시작한다. 어린 시절의 소소한 일상, 사랑하던 연인과의 일화, 전쟁 때 자신을 도와줬던 적군과의 일화, 대지진 때의 일, 비행기에서 구름을 바라보던 순간, 아이가 태어나던 순간 등등. 그리고 좋았던 기억이 하나도 없다며 인생을 되돌아보고 싶지 않다는 사람도 있다. 그들은 추억의 순간을 직원들에게 들려주며 처음엔 좀처럼 생각나지 않는 듯 머뭇거리지만, 시간이 흐를수록 분명하게 그 순간을 기억해낸다. 그날의 햇살과 온도, 바람의 방향까지도. 안개처럼 희미했던 형상이 점점 더 선명해지는 느낌.

일주일 후 추억을 선택한 그들이 비로소 저승으로 떠나면, 또 다음 차례의 죽은 사람들이 림보에 도착한다. 인생을 돌아보는 이야기는, 행복의 의미를 찾아가는 이야기는 그렇게 무한하게 반복된다.

영화는 끝났지만, 물음들이 남았다.

언젠가 나도 림보에 도착한다면, 그래서 하나의 추억만을 선택해야 한다면, 나는 과연 선택할 수 있을까. 하나의 추억만을 간직하게 된다는 건 행복한 일일까. 돌이켜보니 모든 순간이 행복이었다면, 그때는 선택 앞에서 어떻게 해야 할까. 모든 것을 선택할 순 없으니, 그렇다면 아무것도 선택하지 않는 것을 선택해야 할까. 그리고, 과거를 돌아보는 것 자체가 고통이 될 수 있는 사람에게는 선택의 순간이 오히려 고문이 될지도.

아마도 림보는 저승에 가져갈 추억을 선택하는 곳인 동시에, 마지막으로 자신의 삶을 돌아보며 의미를 생각하게 해주는 침잠의 공간이 아니었을까. 돌아볼 여유조차 없이 무작정 달려만 온 이들에게 건네주는 마지막 배웅 같은.

누군가는 림보에서 나를 떠올려 줄까. 삶의 가장 행복한 순간을 함께했던 아름다운 추억으로.

27.

아픈 방.

아빠가 출근한 뒤 텅 빈 집에 혼자 남았다. 오래된 식탁에 앉으면 무거운 적막이 고개를 든다. 라디오를 틀고 얌전한 식물처럼 방송을 듣다가 문득 식탁에 쌓여있는 종이 꾸러미가 눈에 들어온다. 각종 고지서들, 신문에서 오려낸 건강 정보들, 약 먹는 시간을 기록해둔 메모장들. 모두 엄마의 흔적들이다.

이곳은 우리가 30년 이상을 살아온 집이다. 엄마의 유일한 생활 반경이자 안전지대이기도 했던. 엄마는 날마다 아빠를 출근시키고 이 식탁에 앉아 느릿느릿 식사를 했을 것이다. 견디는 표정으로, 오직 소화가 잘되는 것에만 집중하며 음식물을 오래도록 씹으면서. 그리고는 집안일을 마치고 다시 딱딱한 안방에 누워 하루를 보냈을 것이다. 그녀의 단짝 친구였던 라디오와 함께.

엄마는 아픔을 내뱉기보다는 삼켜내던 사람. 엄마를 닮은 나도 모든 걸 내뱉기보다는 삼켜내려는 사람. 멀리 병원에 다녀온 날이면 바깥세상과 비교해 너무도 초라한 자신의 반경에 더욱더 작아지던 우리.

식탁에 앉아 적막한 오후를 보내다 문 열린 안방에 들어간다. 그리고 바닥에 가만히 누워본다. 딱딱한 바닥에 허리가 눌려 금세 아파져 온다.

네모나고, 비좁고, 아픈, 엄마의 방.

28.

집.
우리의 장소였던 공간. 그곳을 둘러본다.

변한 건 없지만 다르게 느껴진다. 누군가와 늘 함께였던 장소에 더는 그 사람이 없을 때, 장소는 이전의 기억을 잃은 낯선 공간이 되어 나를 맞이한다. 익숙했던 집안의 모든 사물이 이제는 생경하게 다가온다.

사람의 흔적이란 무엇일까. 그것은 남겨진 자들을 위한 최소한의 위안일까 혹은 최대한의 고통일까.

29.

 사랑하는 이의 죽음을 겪은 사람은 좀처럼 슬픔에서 빠져나올 수 없다고 한다. 그런데 나는 놀라울 정도로 침착하다. 어딘가 감정이 결여된 사람인 걸까. 혹은 너무 일찍부터 엄마의 죽음을 예감하고 있었던 탓일까.

 사람들은 나를 언제나 차분한 사람으로 알고 있지만, 실은 표정으로 드러나지 않는 것뿐이다. 나는 엄마처럼 감정을 삼켜내는 사람이니까. 하지만 삼켜낸다고 소멸되는 감정은 없다. 표출되지 못한 감정은 마음 한구석에서 묵혀진다. 묵혀지다 오염되는 감정들. 그것들은 잠복기를 거쳐 나를 잠식할 것이다. 삼켜낸 감정들이 나를 삼킬 것이다.

 감정이 제대로 작동하지 않는다. 언제부터였는지, 마음과 감정이 고장 난 듯하다.

말 그대로,
나는 슬픔에 빠져있어야 하는 게 아닌가.

 그런데 도대체 왜.

30.

눈물이 날 것 같다.
하지만 메마른 나는 오늘도 울지 못한다.

31.

혼자만의 상실.

잠시 머물다 돌아가는 일. 순서를 알면서도 반칙 같은 일. 심판은 아무런 말이 없다. 죽음이 새치기를 멈추지 않고 줄지어 있는 사람들의 틈에 끼어들면 모두가 웃는 얼굴로 순서를 양보한다.

얼마든지 먼저 가세요. 저는 조금 더 머물겠습니다.

자신보다 먼저 떠나가준다는 사람을 만류할 이유 같은 건 어디에도 없다. 남겨질 이들에게 죽음은 말이 없다. 앞사람의 발자국을 따라 묵묵히 걸어갈 뿐.

나는 착각하고 싶었다. 살아있는 이들이 상실의 빈자리를 기꺼이 들여다봐 줄 것이라고. 그들이라면 채워줄 수 있을지도 모른다고.

32.

메신저 단체 대화방.

누군가의 부고 소식에 뒤이어 누군가의 결혼 소식이 전해진다. 엄숙한 문장과 환한 웨딩 사진의 부조화. 슬픔을 추모하는 사람들과, 결혼을 축하하는 사람들의 짤막한 메시지들이 뒤섞인다. 눈물과 웃음, 그리고 난감함. 시기가 겹친 경사와 조사에는 추모와 축하 대신 침묵이 따른다.

순서를 정해야 하는 일들. 추모가 우선인지, 축하가 우선인지, 검은 옷을 입을지, 밝은 옷을 입을지, 두 곳 모두 다녀올 수 있는 회색을 입을지. 어느 곳에도 가지 않고 끝없이 침묵을 유지할지. 모습을 드러내는 것만이 표현은 아니지만, 드러내지 않으면 기억될 수 없는 일들.

쌓여가는 부고 소식과, 쌓여가는 결혼 소식. 누군가의 마지막과, 누군가의 시작. 영정 사진과 웨딩 사진의 거리가 이토록 가까울 수 있을까. 작은 세상의 슬프고 기쁜 소식들이 대화방을 가득 채운다. 시간이 지나면 금세 다른 대화들에 묻힐 소식들로, 대화방은 오늘도 포화 상태다.

33.

 나보다 먼저 상실을 경험해본 사람들의 말은 주삿바늘이 되어 심장을 깊숙이 찌른다. 그들의 말은 약물처럼 온몸을 순환하며 처음 겪는 일에 정신과 감정이 마비된 나를 보듬어준다.

 어릴 때 어머니가 돌아가셨다는 사람, 지난해에 아버지를 잃었다는 사람, 그래서 그 심정을 자신도 조금은 알 것 같다는 말. 시간이 많이 필요할 테니 애써 서두르지 말라는 메시지, 언제든 괜찮으니 꼭 한번 목소리 듣자는 약속들.
 누구나 겪는 일이라는 것, 누구나 겪는 일이지만 누구도 예측할 수 없고, 누구도 서둘러 헤어나올 방법을 모른다. 다만 겪어본 이들만이 서로의 슬픔에 다가갈 수 있다. 서로의 손을 맞잡고, 목소리를 나누며, 그렇게 각자의 슬픔을 조금씩 바깥으로 밀어내며 마음을 회복한다.

사랑하는 이의 죽음을 먼저 겪어본 사람들. 세월이 흐르고 이제는 다 잊은 것처럼 웃고 있는 그들의 얼굴에서 언뜻 슬픔이 비치는 건 각자의 '그날들'이 남긴 흉터 같은 것인지도 모르겠다.

34.

이성복 시인의 말이 떠오른다.

우리는 누구나 '없음'의 상태로 시작해서, 출생이라는 '있음'의 상태로 머물다가, 언젠가 죽음이라는 '없음'의 상태로 돌아간다고. 이 돌아감은 지극히 당연한 것이고, 받아들일 수도 안 받아들일 수도 없는 것이라고.

하지만 우리가 죽음을 받아들이기 어려운 것은 처음부터 '있음'의 상태에서 시작한다고 믿기 때문에, 도대체 지금 여기 있는 내가 어떻게 없어질 수 있는지 이해가 안 가는 것이라고. 그러나 〈있음-없음〉 대신, 〈없음-있음-없음〉의 구조를 취한다면 부활의 신비나 극락왕생 같은 내러티브 없이도 생사를 건널 수 있지 않을까 한다고.

---

* 이성복, [극지의 시], 문학과 지성사

시인의 말처럼 삶은 애초부터 존재하지 않았지만, 잠시 세상에 찾아와 사랑하는 사람들과 '있음'으로 존재하다가, 다시 본래대로 '없음'의 상태로 되돌아가는 찰나의 나들이 같은 일인 걸까.

만약 그렇다면 잠시 세상에 다녀간 엄마의 나들이는 어떠했을까. 행복했을까, 우리와 함께 걷던 시간들이.

35.

위태로운 사실 하나.

엄마의 죽음 이후 나는 단 한 번도 제대로 울지 못했다. 사람처럼 잠깐 눈물 흘리는 울음 말고, 짐승처럼 포효하듯 쏟아내는 울음이 없었다. 마음을 게워내 줄 그런 본능적인 울음이 내게 필요한 것 같은데.

눈물을 흘리는 일이 부끄러운 걸까. 타인의 시선을 지나치게 신경 쓰다가 이제는 나 자신의 시선마저 신경 쓰게 되어버린 걸까. 내면에 쌓인 슬픔을 풀어줘야 하는데 아직 상실을 받아들이질 못하는 걸까. 그래서 엄마가 잠시 긴 여행을 떠났을 뿐이라고 여기는 걸까. 물론 나도 눈시울을 적신다. 예전보다 끝없이 가라앉은 채로. 그럼에도 슬픔은 정수리만 내보일 뿐 몸통을 드러내질 않는다.

슬픔에도 잠복기가 있는 걸까. 그리하여 사람마다 발현되는 시기가 다른 걸까. 슬픔에 대한 나의 면역력이 높아 이렇게 담담하게 살아가는 걸까. 슬픔이라는 감정마저 주인을 닮아 눈치만 보고 있는 걸까. 그럼 내가 괜찮다고 말하면 슬픔도 본모습을 드러낼까.

언젠가 슬픔을 가둬둔 마음이 댐처럼 무너져 내릴지도 모른다. 폭발하듯 터져 나온 슬픔에 오랜 시간 잠길 것 같다. 그때의 나는 슬픔의 홍수에서 어떻게 익사하지 않고 헤엄쳐 나올 수 있을까. 설마 그 홍수마저 삼켜내려 안간힘을 쓰게 되는 건 아닐 테지.

상실의 슬픔을 증명하고 싶은 마음은 없다. 다만 그런 때가 찾아온 것일 뿐. 너무 잔잔하게만 흘러가서 어쩐지 모든 게 연출된 장면 같은 기분이 들 때가. 연출 속에는 나의 허물만 존재한다. 어딘가 어긋난 모습과 고장난 마음으로. 언제까지 이어질지 모를 어설픈 연기로 간신히 현실을 살아가는 것처럼.

36.

그날 이후.

시간이 뒷걸음질치기 시작했다. 나는 달아나는 시간을 쫓아 과거로 거슬러 올라갔다. 그곳에는 여전히 우리가 있었다. 우리가 함께 나눴던 시절과 기억이 머물고 있었다. 아름다운 순간들이었다. 아름다웠던 만큼 다시 돌아갈 수 없다는 슬픔이 커져만 갔다. 일상으로 돌아가야 한다는 걸 알면서도 나는 상실의 슬픔에서 헤어나올 수 없었다. 현실이 희미해질수록 과거는 선명해졌다. 시간은 흘렀지만 내 마음을 둘러싼 계절은 변하지 않았다.

나는 여전히 맨발로 얼어붙은 강물 위를 걷고 있다.

*

다시, 겨울

37.

　이따금 아직은 말할 수 없다거나 아직은 쓸 수 없는 이야기가 있다. 말하자마자 울어버릴 것 같은 이야기도 있고, 쓰자마자 중심을 잃고 무너질 듯한 이야기도 있다. 그런 이야기들을 섣불리 꺼내놓으면 내 마음에 돌이킬 수 없는 멍이 든다. 그럴 때는 잠자코 때가 올 때까지 기다린다. 조금 더 멀리서 슬픔을 지켜볼 수 있는 입장이 될 때까지, 적당한 거리를 찾을 수 있을 때까지. 그날이 찾아오면 그제야 간신히 머뭇거리며 입을 열거나 쓸 수 있게 된다. 하지만 지금의 내 마음은 무수한 잡동사니가 한데 담긴 상자처럼 뒤죽박죽이다.

38.

 글을 쓸 때마다 생각지도 못한 곳에서 엄마를 마주쳤다. 어떤 주제의 글을 써 봐도 행간의 곳곳에서 엄마가 나타났다. 결국 모든 글의 끝이 그녀에게로 향하게 되었고, 나는 얼마간 아무것도 쓸 수 없게 되었다. 의식의 흐름 끝에 늘 그녀가 있었다.

 생각해보니 당연한 일이었다. 그래서 일 년간 의도적으로 다른 특정한 주제의 글을 써 모으기 시작했다. 생각과 감정에 깊이 관여하지 않아도 될 만한 가벼운 글들을 쓰고자 애쓰면서. 늘 쓸데없이 깊어지는 습관 탓에 그 작업이 쉽진 않았지만, 그 글들을 다듬는 동안에는 좀처럼 엄마가 생각나지 않았다.

 의도한 대로 나는 조금씩 엄마의 죽음으로부터 멀어졌다. 다행이라고 말할 수는 없는, 슬픈 계획이었다. 사람들은 그 시기에 엮은 책을 가볍고 재밌게 읽어준 듯했다. 지난 책들과 다른 결을 지닌, 목표부터가 다른 책이었다. 출간 후 시간은 성실하게 흘렀고, 다시 책상 앞에 앉아 회복된 마음으로 다음 책을 준비했다.

그런데 다시 글을 쓰기 시작한 순간 데자뷔처럼 문장의 모퉁이에서 엄마와 마주쳤다. 방심하던 사이 나는 어느새 제자리로 돌아와 있었다. 어쩌면 이제 더는 상실의 아픔을 외면할 수 없는 없다는 의미일까.

39.

너무 이르거나 너무 늦은 것들.

이른 것 : 그녀의 죽음에 관하여 쓴다는 것.
늦은 것 : 그녀와의 약속을 떠올리는 것.

---

* 김진영, [아침의 피아노], 한겨레출판사. 해당 책에 수록된 글을 인용.

40.

 병명을 부여받지 못한 고통은 병이 될 수 없다. 병명이 없음으로 병원에 장기간 입원할 수 없고, 같은 이유로 각종 지원과 복지뿐만 아니라 보험료조차 제대로 받을 수 없다.

 병명을 부여받지 못한 환자는 사람들의 숱한 질문에 명확한 답변을 할 수 없다. 물론 어디가, 얼마나, 어떻게 아픈지는 말할 수 있다. 다만 그 증상들로 짐작되는 병명에는 해당하지 않을 뿐.

 증상이 있으나 병명은 없다. 고통은 있으나 병은 없다. 엄마가 앓았던 건 난치병이나 불치병도 아닌, 단지 말할 수 없는 통증들의 모든 집합.

41.

 요양병원에 입원하는 순간 죽음을 준비하라는 말을 책에서 읽은 적이 있다. 회복이 아닌 죽음을 위해 들어가는 곳이라는 말.

 엄마의 면회를 갔을 때 여기는 그녀가 있을 곳이 아니라는 생각이 들었다. 가족이기 때문이 아니라 그녀는 이곳에 있기에 너무 젊었고, 이곳의 분위기와 생활을 견뎌내기에는 지독히도 온전한 정신을 유지하고 있었다. 누구도 그녀가 요양병원에 입원하게 될 줄은 몰랐다.

 코를 찌르는 악취와, 치매 환자들의 반복적인 비명과 알 수 없는 질문들, 모든 환자를 동일하게(치매 증상을 앓고 있는 사람처럼)대하는 간호사들, 면회가 힘든 전염병의 시대, 냉정해질 수 없는 마음. 모든 상황이 원망스러울 정도로 엄마와는 어울리지 않았다. 그녀는 단지 입원할 곳이 필요했을 뿐이었지만, 병명도 없이 아픈 환자가 갈 수 있는 곳은 요양병원뿐이었다.

엄마보다 먼저 세상을 떠난 친척들도 요양 병원을 거쳐 가곤 했다. 면회를 다녀오면 그것으로 마지막이 된 상황이 이어졌던 날들. 그들은 나를 알아봤다가 돌연 알아보지 못하는 과정을 무수히 반복했다. 병실 천장의 깜빡이던 형광등처럼 간헐적으로만 내가 알던 사람으로 돌아오곤 했다. 내 기억 속 요양병원은 그렇게 마음 아픈 장면들로 이뤄진 공간이었다.

의사는 아빠에게 말했다. 그녀에게 적응의 시간이 필요하다고. 그러니 너무 자주 찾아오면 좋지 않다고. 아빠는 하루도 빠짐없이 면회를 다녀오고 있었다. 그곳에 있으면 안 되는 사람을 입원시키고 온 그의 심정은 어떠했을까. 그는 갈수록 야위어 갔고, 출근하지 못하는 날들이 늘어갔다. 일상의 갈피를 잃고 망연히 보내는 날들이 이어졌다. 나 또한 서울과 대전을 오가며 엄마를 위해 아무것도 해줄 수 없는 현실을 한탄하며 마음을 앓았다.

우리는 이미 우리가 살아온 세상을 벗어나 있었다. 우리는 환자 가족이라는 우리만의 비좁고 어두운 세상에서 비틀거리고 있었다.

42.

병원에 부탁해 중환자실에 잠시 들어갔다. 마스크와 방호복을 입고 엄마에게 다가갔다. 이미 너무 작아진 그녀 곁에서 내가 할 수 있는 건 그녀의 눈을 계속 바라보는 것뿐. 눈빛의 전달만으로도 우리는 충분했는데.

면회 시간은 너무 짧았고, 그렇게 그날이 마지막이 되었다. 예정된 일이었지만 엄마는 너무 서둘러 떠났다. 그녀에게 의학이란 무의미한 잡술에 불과했다. 방법이 없는 상황 속 우리 셋은 줄곧 그늘 안에 살았다.

이전에는 사람의 의식이 끊겨도 청력은 마지막까지 남아있다는 말을 믿지 않았다. 그 말은 단지 남겨질 사람들을 위한 단순한 위로에 불과하다고 업신여기면서. 하지만 그날 이후 나는 그 말을 믿을 수밖에 없는 사람이 되었다.

엄마는 우리가 다 함께 무너지려 하기 전에 혼자만 무너지는 길을 스스로 재촉했던 걸까. 그것만이 유일한 방법이라고 믿으면서. 내가 알던 엄마는 그런 사람이었다.

방파제.
가장 먼저 무너질 것을 알면서도.
끝까지 맨 앞을 지키던.

43.

 아픈 사람과, 돌보는 사람에게 시간은 더는 예전처럼 평범하게 흐르지 않는다. 영원하고 무형의 존재인 줄 알았던 시간이 비로소 모습을 드러낸 채 전속력으로 벼랑 끝까지 달아나기 시작한다. 조금만 한눈을 팔아도 시간은 이미 저만치 멀어져 따라잡을 수 없는 거리를 만든다. 시간의 끝과 가까워질수록 초조함도 커져만 갔고, 달아나는 시간 앞에서 아무것도 할 수 없는 무력한 현실이다.

44.

　종교가 없다. 미신을 믿지도 않는다. 오직 인간의 끈질긴 의지만을 믿는다. 뜬구름과 긍정의 강요를 싫어한다. 그렇게 말하면서 살았다. 초인적인 힘의 절실함에 사무치기 전까지는.

　오직 의학에 기댔다. 의학이 엄마를 포기하던 순간까지도. 그렇게 나는 기댈 곳을 잃었다. 아무것도 할 수 없는 무기력하고 음울한 날들이 이어졌다. 어떤 날에는 하늘을 올려다보다 불현듯 눈을 감았다. 그리고는 어떤 신이라도 내 목소리를 들어주길 바라며 기도를 했다.

　누구신지 잘은 모르겠지만, 기도만 들어주시면 신실한 사람이 되겠습니다.

　역시나 이기적인 나의 기도를 들어주는 신은 어디에도 없었다. 기도로는 부족하다는 생각에 용하다는 무당을 수소문해 보기도 했다. 절박함이 나를 낯선 방향으로 이끌고 있었다.

믿으면 존재한다는 말이 있다. 존재를 증명할 수는 없어도 믿는 사람의 세상에는 명확히 존재한다는 것. 아무것도 할 수 없었던 나는 급기야 전혀 다른 차원에 기대고 싶었던 걸까.

인간의 의지도, 종교도, 미신도 흐름을 바꿀 수는 없었다. 기적을 경험한 사람들은 어떤 선택을 받은 자들일까.

45.

아마도 마음의 병이 아니었을까. 삼켜낸 마음들이 끊임없이 서로 부딪치다 스스로 깨져버린. 유전이 있다면 나는 그 병을 어떻게 길들여야 할까. 우리가 그토록 바라던 그 병의 원인을 언젠가는 내가 몸소 풀어가야 할 날이 찾아올까.

그날이 오면, 나는 비로소 엄마에게 진정한 사과를 할 수 있지 않을까. 고통을 몰라주던 그 못난 마음을.

46.

 뒤늦게 간병에 관한 책을 정독한다. 간병에는 끝이 없다는 말, 간병인 또한 이전의 일상과는 동떨어진 다른 세계에 입국한다는 말.

 '보호자를 숨겨진 환자(hidden patient)라고 부르기도 한다. 미국에서는 치매 환자를 돌보는 보호자 중 30%는 환자보다 먼저 사망한다.'

 보호자도 환자라는 말에 대해 생각한다. 이미 일상의 생활 반경에서 멀어졌지만 완전히 발을 뗄 수는 없는, 환자의 곁에 있지만 엄연히 환자는 아닌 사람. 살아갈 삶이 있지만 잠시 모든 길 멈춰야 한다. 아빠는 엄마의 유일한 보호자였다. 멀리 떨어져 살며 세계를 떠도는 나의 부재마저 대신해주던, 그 또한 환자였다.

---

* 김영옥, 메이, 이지은, 전희경 공저, [새벽 세 시의 몸들에게], 봄날의 책

47.

 면회가 불가능해지면서부터는 아빠를 대신하여 전문 간병인이 늘 엄마 곁에 있었다. 엄마의 회복과 안정에 관련된 모든 일을 도와주는 사람. 간병인은 일흔이 훌쩍 넘은 아주머니였다. 엄마는 그 아주머니가 늘 조심스럽고 세심한 태도로 자신을 대한다는 이유로 줄곧 '언니'라고 부르며 각별한 마음을 쏟았다.

 엄마가 삶을 내려놓고 싶어 할 때마다 아주머니는 그녀에게 생에 대한 의지를 주문처럼 불어넣었다. 다시 살아가야 할 이유, 못다 이룬 소망, 죽음이라는 낮고도 높은 벽에 관하여. 그럴 때마다 엄마는 신기하게도 생의 의지를 되찾은 사람처럼 밝은 목소리로 돌아오곤 했다. 전화 통화에서도 한결 나아진 그녀의 몸 상태를 느낄 수 있었는데.

 엄마와 연락이 되지 않을 때는 아주머니에게 연락을 했다. 전염병 시대에는 간병인 또한 퇴근하지 못하고 늘 병원에 상주해야 했던 까닭에 아주머니는 엄마와 우리를 이어주는 연결점이 되었다. 아주머니에게 엄마의 하루에 대해 물으면 식사는 얼마나 했는지, 몸 상태는 어떠했는지 등등 우리가 간절히 궁금해하는 점들을 곧잘 알려줬다.

엄마가 다른 병원으로 옮겨가던 날, 그녀는 언니와 헤어지기 싫은 마음에 고집을 부렸고, 아주머니도 그녀를 아기 달래듯 진정을 시키려 했지만 자신도 사뭇 아쉬운 기색이었다. 그래도 그녀의 몸이 회복의 길로 들어섰다는 사실에 아주머니 또한 희망을 품고 있었을 것이다.

며칠이 지나고 아빠의 전화가 울렸다.

간병인 아주머니였다. 밝은 목소리로 엄마의 안부를 물었고 간병비 잔금 처리에 관해서도 물었다. 그날은 엄마가 세상을 떠난 날이었다. 정신이 없던 아빠가 잔금 처리를 잊었던 것이다. 그는 최대한 부고와 관련된 단어를 입 밖으로 꺼내지 않으려 했지만, 아주머니는 그동안 엄마와 정이 들었는지 재차 걱정하며 궁금해 했다. 부고 소식을 전할 수밖에 없었을 때, 전화기 너머로 아무런 말도 들을 수 없었다. 침묵 끝에 미안하다는 말만이 작게 들려왔다.

엄마의 장례식이 끝나고, 조문객 방명록과 조의금 명부에 아주머니의 성함이 적혀있다는 걸 알게 되었다. 아주머니는 아무런 말도 없이 잠시 혼자 다녀갔었던 모양이다.

늘 병원과, 환자와, 죽음 곁에서 일하는 아주머니에게도 결코 익숙해질 수 없는 것들이 많았을 것이다. 고통, 일그러진 얼굴, 붉은 것들, 냄새들, 그리고 죽음과 이별.

아주머니는 얼마나 많은 죽음을 목격하며 살아왔을까. 얼마나 많은 마음을 억지로 떼어내며 살아왔을까. 정들면 위험하다는 말이, 아주머니의 업무 환경에서는 유난히 더 피부 깊숙이 파고들 것만 같다.

누구보다 오랜 시간 동안 병상의 엄마와 함께 머물던 사람, 속 깊은 대화를 나눴을 사람. 사람이기에, 사람에게 마음을 줄 수밖에 없었을 사람. 홀로 조용히 그녀의 영정 사진을 바라보다 떠나간 사람. 엄마의 아프고 여린 시간들을 곁에서 지켜줬던 간병인 아주머니의 존재가 뒤늦게 떠오른다.

48.

　너무 착하고 여린 사람은 세상의 모든 슬픔이 전부 자기 탓인 것만 같아서 혼자 몰래 앓다 서둘러 세상을 떠나게 되는 걸까.

49.

12월의 하루. 엄마와 아빠의 결혼기념일.

그들의 기념일을 축복이라도 하듯 창밖에는 흰 눈이 내리고 있었다. 나는 집에서 아빠와 함께 조용히 밥을 먹고 있었다. TV 대신 창밖의 눈 내리는 풍경을 바라보면서. 그리고 병실에 있는 엄마를 떠올리면서.

아빠가 말했다. 그래도 결혼기념일인데 면회 갈 때 케이크라도 하나 준비해서 가면 어떻겠느냐고.
나는 지금 그게 중요한 게 아닌데 무슨 말을 하는 거냐고 퉁명스럽게 대꾸를 했다.

하지만 지금은 알게 됐다. 그건 너무나도 중요한 일이었다. 세상을 떠날 준비를 하고 있는 엄마에게 기념일을 축하하는 케이크는 어쩌면 커다란 위안이 되었을 수도 있으니까.

물론 엄마는 케이크를 본 순간 이런 게 무슨 소용이냐며 신경질을 냈을 수도 있겠지만, 우리가 면회를 마치고 돌아간 뒤 가만히 그 케이크를 바라보며 지난 시절을 회상하고, 고통으로 잠 못 드는 밤을 조금이나마 덜 힘들게 보내지 않았을까.

아빠를 처음 만나던 순간과, 결혼을 결심했던 날, 가난했지만 행복했던 쪽방에서의 신혼생활, 첫눈과 함께 내가 태어나던 날, 바람 좋은 날의 산책, 교복을 벗고 넥타이를 매던 내 모습 같은 것들.

그런 따뜻한 기억들이 병상 위 천장에 필름처럼 흘러가지 않았을까. 어쩌면 그때의 엄마에게 가장 필요했을지도 모를 시간과 감정을 어리석은 내가 억지로 빼앗았던 건 아닐까.

후회가 사무치는 밤이다.

50.

　엄마가 웃는 모습이 기억나지 않는다. 사진 속에서도 엄마의 미소를 찾을 수 없었다. 사진 찍는 것을 불편해하기도 했고, 피치 못할 때는 시종일관 무표정으로 사진에 담겼다. 물론 그때는 대부분 비슷한 자세와, 비슷한 표정으로 사진을 찍던 시절이기도 했다. 인물에 집중하기보다는 그 순간의 전체적인 모습을 기록하는 데에 익숙한 시절이었다.

　엄마와의 추억들을 사진이나 영상으로 남기지 못한 후회가 이어지던 어느 날이었다. 그녀의 짐을 정리하다 옷장 깊숙한 곳에서 고이 보관된 사진 앨범들을 발견하게 되었다. 들춰보니 내가 태어나기도 훨씬 전에 찍은 사진들이 대부분이었다. 두 사람의 연애 시절과, 신혼 시절의 모습이 담긴 앨범을 한 장씩 넘겨봤다. 오랜 세월 쌓여있던 뿌연 먼지들이 현재와 만나 퀴퀴한 냄새를 풍기며 흩날렸다.

내가 모르던 엄마의 모습들이 그곳에 있었다. 해맑고 수줍은 모습으로 사진 속에서 만개한 꽃처럼 웃고 있었다. 아빠의 손을 잡고, 아빠와 나란히 걸으며, 아빠의 품에 안긴 채, 갓 태어난 나를 안고서, 잠든 나를 업은 채로, 엄마가 행복하게 웃고 있었다. 온 세상의 전부를 끌어안은 것 같은 모습으로.

내가 모르던 시절의 엄마와, 내가 알던 시절의 엄마. 그 사이의 세월과 사연을 알면서도 애써 떠올려보려 하지 않았다. 웃고 있는 엄마의 모습들이 반갑고 신기해서 앨범을 넘겨보다가도 어쩐지 감당할 수 없는 감정들이 밀려오는 기분에 앨범을 그만 덮었다. 더는 펼쳐보면 안 될 것 같았다.

언젠가 시간이 많이 흐른 뒤 그때는 다시 펼쳐볼 수도 있겠지만, 지금은 아닌 것 같았다. 지금은 단지 엄마의 웃는 모습이 담긴 사진들을 많이 발견했다는 것, 엄마에게도 그런 시절이 있었다는 걸 확인했다는 것, 그걸로도 충분하고 다행스러운 마음이다.

51.

 모든 걸 간직하고 싶은 마음, 가능한 변수를 예측해 미래에 발생할 후회의 확률을 막아내겠다는 욕심, 메신저에 남아있는 대화들을 주기적으로 보관해 두는 것도 언제 찾아올지 모를 작별을 향한 대비이자 강박이었다.

 누군가 남기고 간 시각적인 흔적이 완전히 사라졌을 때 우리가 그 사람을 그리워하는 방법이란 기억에 의지하는 것뿐이다. 하지만 기억은 정확하거나 냉정하지 못하고, 시간의 흐름을 따라 낡기 마련이다. 만질 수도 느낄 수도 없는 기억의 존재를 단지 무작정 믿을 뿐이다.
 사진과 영상을 원하는 만큼 남길 수 있는 시대라지만, 그것과는 결코 가까워질 수 없는 사람도 있다. 그런 사람이 남긴 손 편지와 메신저의 대화들 앞에서 나의 강박은 극에 달한다. 떨어지는 빗물을 두 손안에 모두 감싸 쥐려는 사람처럼 나는 사라져가는 낱말들을 주워담으려 발버둥을 친다.

가까스로 보관해둔 대화들이 내 앞에 놓여있다. 그리움이 찾아올 때마다 들여다보려고 했지만, 나는 단 한 번도 그 대화들을 들춰보지 못했다. 까닭은 잘 모르겠지만 차마 열어볼 용기가 나질 않았다. 결국은 다시 기억에만 의지하는 내 모습을 바라본다. 만질 수도 느낄 수 없이 흐릿해지는 그 기억에.

52.

연결점이 유실되었다.

엄마가 떠난 후 엄마를 통해서만 간신히 연결되던 많은 관계가 멀어지고 있다. 그녀는 때마다 친척들에게 살갑게 안부를 전하거나 만남의 약속을 건네는 사람이었다.

섬과 섬을 잇던 다리가 무너지면 그곳으로 건너갈 방법이 없다. 무너진 다리 끝에 관계들이 아슬아슬하게 매달려있다.

엄마 없이는 친척들을 마주할 이유도 느슨해지고, 불분명해진다. 인간의 도리 같은 것에 기대어 보기에는 관계를 잇는 연결 고리가 너무도 연약하다.

53.

알 수 없는 이유.

엄마가 꿈에 찾아오지 않는다. 단 한 번도. 나의 꿈에도, 그리고 아빠의 꿈에도. 그래도 한번 쯤은 찾아와 줄 법도 한데. 무심하게 느껴지다가도 사려 깊게 느껴지는 엄마의 배려 같은 것일까.

꿈에 나타나면 멀어질 수 없으니까.
다시 처음으로 돌아가야 하니까.

54.

산책의 태도.

봄날의 공원을 거닐며 벼랑의 끝을 떠올리는 하루, 벚꽃이 만개한 길에서 발을 헛딛고 현기증을 느낀다. 저 아래는 얼마나 깊을까, 얼마나 오랫동안 떨어질까, 잔디밭에 누운 평화를 바라보다 위험한 상상이 부풀어 오른다. 엇갈린 마음들이 산책로의 사나운 개처럼 서로를 향해 달려드는 그 너머, 분홍빛 노을이 지고 꽃잎이 흩날리는 평온한 봄날의 저녁이 걸려있다. 얌전한 산책로 위에서도 보폭이 엉키는 나의 하루도 액자 속에서는 대수롭지 않게 흘러간다. 살다 보면 구름 건너로 사라진 풍선에 마음이 기울 때가 있다.

55.

 발을 헛딛는 날도 있어야 삶이라고들 하지만, 늘 헛딛기만 한다면 그것도 삶인가.

 정신을 똑바로 차리고 걸어도 다리가 비틀거린다. 절룩거리다 보니 어느덧 여기 벼랑 끝이다. 하늘은 흐리고 바람이 거세게 불어온다. 중심을 잡아보지만 몸이 제 맘대로 휘청거린다. 이곳에서도 발을 헛딛는 삶의 태도가 이어질까. 버틸 만큼 버텨낸 삶이지만 알아주는 이는 어디에도 없다.

 슬픔과 고통은 안으로 자라나는 가시나무다. 안이 비좁아질 때 비로소 몸을 뚫고 밖으로 삐져나온다. 목격자에게 타인의 고통이란 얼마나 시시한 자극일까. 삶은 점점 더 커다란 선택을 강요한다. 벼랑 끝 여기, 이곳에서 쓰러진다면 어느 방향일까. 그것 또한 나의 몫이다.

56.

 흘러간 노래, 잔잔한 멜로디, 먹먹한 가사들, 계절과 날씨에 아랑곳하지 않고 내 마음을 흔들어 놓는 것들, 노래가 흐르는 곳, 그 길에 꽃이 피어나고, 먹구름이 드리우고, 소나기가 내린다, 슬픔이 없는 마음이 있을까, 눈물이 없는 삶도 있을까, 지나간 것은 잊으라 하지만, 과거에만 집을 짓는 사람도 있다, 낡은 지붕에 모래가 쌓이고, 빛이 바래고, 바람에 허물어지는, 무너진 기둥 한구석을 지키는 사람도 있다, 지나간 것들에 파묻히는, 오래된 노래가 되는 삶, 달력의 이면을 바라보다, 기어이 홀로 저물고 마는,

57.

 보편적 슬픔에 무감각해질 무렵 불현듯 그 무심했던 슬픔이 나를 노려보며 정면으로 달려들 때가 있다.

 살면서 결코 찾아오지 않을 것만 같던, 오직 타인들의 전유물이기만 했던 그런 슬픔이 자신에게 찾아오면, 그제야 주위를 둘러보게 된다.

 우리가 서로의 슬픔에 무감각했을 뿐, 모두 각기 다른 극한의 슬픔에 잠겨 있었다는 사실을 뒤늦게 깨닫는다. 다만 나의 일이 아니었을 뿐, 한순간 적당히 슬픈 표정을 짓고 다시 일상으로 돌아왔을 뿐.

 슬픔이라는 감정은 지독히도 개인적이다.

58.

　

엄마와 관련된 일에서 나는 종종 늦지 않았지만, 대부분은 늦었고, 이번에는 너무 많이 늦어버렸다. 엄마가 실의에 빠진 내 모습을 바라본다면 어떤 말을 건넬까.

늦지 않았으니 너무 걱정하지 말라고, 그리고 조금 늦으면 또 어떠하냐고, 누구나 그렇게 살아가고, 모호한 삶에 관해 궁금해하다 보면 자연스레 떠날 시간이 온다고, 그러니 그런 것쯤은 아무것도 아니라고.

늘 지각 인생을 살아가는 내게, 이따금 좌절한 채 주저앉는 내게, 꼭 그렇게 말해줄 것만 같은 밤.

59.

다시 서울로, 일터로 돌아갈 시간이다.

많아 봐야 두 달에 한 번 대전에 내려온다. 그때마다 가장 힘든 건 엄마의 물건들과 마주하는 일이다. 아빠의 심정은 어떨까. 날마다 엄마의 흔적들과 하루를 시작하고 마감하는 그의 심정은.

아빠는 나와 함께 있을 때는 괜찮은 척을 한다. 그러면서 여전히 엄마의 물건들을 정리할 엄두를 내지 못하는 그를 바라보면 슬퍼진다. 한 번은 내가 대전에 내려왔을 때 함께 엄마의 물건들을 정리하자고 했지만, 아빠는 꼭 자신이 정리를 하겠다며 단호하게 거절했다. 그 마음을 알 것만 같았다.

너무 많이 그리워하는 일과, 적당히 그리워하는 일 사이에서 우리는 스스로 무너지지 않으려 애쓰고 있다.

아빠를 홀로 남겨두고 서울로 돌아가는 내내 슬픔이 앞을 가렸다. 우리에게는 얼마나 많은 시간이 필요할까.

60.

출근길, 영종대교를 지난다.

늘 이곳에서 엄마에게 전화를 걸곤 했다. 잘 다녀오겠다는 말, 잘 다녀오라는 말. 언제나 같은 말을 주고받았지만, 그 말 없이는 우리의 하루가 위태로웠다.

오늘도 이곳에서 엄마의 전화번호를 누르려다 멈칫한다. 갈 곳을 잃은 손가락이 허공을 헤맨다. 몇 년 동안의 습관이 상실에 가로막힌다.

적막한 차 안에 엄마의 목소리 대신 오래된 엔진 소리만 가득하다. 이 쓸쓸함을 견뎌내야 한다.

61.

기내에서 함께 일하는 동료들이 말했다.
요즘 굉장히 차분하고 능숙하게 일하시네요.

그들의 말을 따르자면 줄곧 불만투성이였던 내가 이제는 전혀 다른 사람처럼, 이 일에 특화된 사람처럼 일한다는 것이었다. 그럴 리가 없는데.

아마도 상실이라는 거대한 풍랑 앞에서는 일상의 모든 마찰이 그저 잔물결처럼 미미하게 느껴지기 때문일까. 평소와 같았다면 감정이 크게 일렁일 만한 사건들에도 나는 현실에 초연한 사람처럼 잔잔할 뿐이다. 공교롭게도 그 모습이 다른 이들의 눈에는 업무에 능숙한 사람으로 비쳤던 걸까.

아이러니한 일이다. 업무 환경에 적응하려 사력을 다하던 시절에는 오히려 이 일에 맞지 않는 사람이라는 말을 많이 듣곤 했는데, 비탄에 잠겨 체념으로 일관하는 지금은 업무에 탁월하다는 말을 듣는다. 근로자의 입장에서는 썩 나쁜 변화는 아닐 수도 있겠다.

하지만 그 말은 지금 내 마음이 정상이 아니라는 뜻이다.

62.

　몸이 불편한 중년의 여성 승객들을 보면 자꾸만 엄마가 떠오른다. 정신없이 일을 하다가도 그들 쪽으로 눈길과 마음이 기운다. 요청하지 않아도 시간이 생길 때마다 그들 곁을 맴돈다. 그들이 소란스러운 환경에 앉아있으면 자리를 옮겨주고, 뭔가를 망설이는 듯할 때마다 불편한 건 없는지 상황을 묻는다.

　몸이 아픈 사람에게서는 특유의 냄새가 난다. 악취와는 다른 종류의 냄새. 그것은 위생과는 별개로 절대 감출 수 없는 근원적인 아픔의 냄새다. 바람에 섞여 풍겨오는 검은 강물의 냄새. 승객들과 밀착한 상태로 일을 하다 보면 가끔씩 그런 냄새를 맡게 된다. 그럴 때면 나는 본능적으로 병상과 죽음을 떠올린다. 익숙한 냄새였기 때문이다. 그럴수록 더욱 나는 그들에게서 눈을 뗄 수 없다. 긴 비행시간 동안 어쩐지 위태로운 상황이 벌어질지도 모른다는 불안이 나를 무겁게 엄습한다.

열 몇 시간이 흐른 뒤. 비행기가 무사히 목적지 공항에 착륙한다. 그들은 불편한 몸을 이끌고 좁은 기내를 천천히 빠져나간다. 마지막까지 그들의 뒷모습에서 눈을 뗄 수 없다. 어딘가에 걸려 넘어질 것 같기도 하고, 어쩐지 걸음을 멈추고 나를 돌아볼 것 같기도 하다. 하지만 나의 걱정과 불안과는 상관없이 오늘도 아무 일도 일어나지 않는다. 그들은 무사하다. 다시는 마주칠 일 없을 그들의 일상이 무탈하게 흘러가길 바라며 퇴근길에 오른다.

위태로운 건 그들의 몸 상태가 아니라 내 마음이 아닐까. 심적으로 위축되어 있을 때는 사람을 응대하는 일이 가장 위험한 듯하다. 요즘의 나는 이렇게 일한다.

63.

 괜찮은 척 씩씩한 척 살아가는 동안 감정이 곪아가고 있었다. 전혀 괜찮지 않았고 씩씩함과는 거리가 멀었음에도 불구하고. 나는 쌓인 감정들에 체하는 사람이다. 삼켜내는 방법이 아닌 뱉어내는 방법을 배워야 하는데.

64.

바깥은 벚꽃이 만개한 봄날이다.
나만 홀로 영원히 녹지 않는 겨울이다.

65.

 유서가 발견되었다는 연락을 받았다. 아빠의 전화였다. 유서라니. 엄마가 떠난 지 반년이 지난 후였다. 내가 모르는 유서 같은 게 있을 리 없다고 믿었다. 아빠의 말이 이어졌다.

 유서에 적힌 날짜가 15년 전이라고.

 처음엔 그게 무슨 말인지 알 수 없었다. 우리가 모르던 유서가 뒤늦게 발견된 것인 줄로만 알았다. 하지만 그 유서는 엄마가 15년 전에 써둔 편지가 맞았다. 오랜 시간 전에 엄마는 죽음을 결심했던 적이 있었던 것이다. 혹은 너무 먼 미래의 일을 그때부터 대비하고 있었는지도.

 아빠는 내게 유서를 보여주지 않았다. 무슨 내용이 적혀 있는지조차 말해주지 않았다. 오직, 이제 와 알아서 좋을 것 없다는 말만 남기고 그는 전화를 끊었다. 엄마의 사연을 어떻게든 두 눈으로 확인하고 싶었지만, 이내 체념했다. 너무 깊은 내막은 끝까지 비밀로 남겨두는 편이 좋을 것 같았다.

죽기로 결심한 사람에게 15년을 더 살게 만든 건 무엇이었을까. 그 마음을 짐작해보는 일은 조금 더 뒤로 미루기로 했다. 감당할 수 없는 마음을 받아들이려면 오랜 시간 동안의 대비가 필요하다. 유서를 남긴 엄마는 우리와 함께 15년을 더 살다가 떠났지만, 엄마 안의 뭔가는 이미 그 순간 죽음을 맞이했을지도 모른다는 생각이 들었다. 무엇과도 바꿀 수 없는, 온전히 그녀만을 위한 삶의 찬미 같은 것들의 상실.

엄마는 살아있음을 느끼며 살았을까. 살아있음에 행복을 느꼈을까. 확인할 수 없는 짐작 같은 건 그만두기로 한다.

66.

아빠가 유독 내게 전화를 많이 건다.

이제 세상에 우리 둘만 남았다는 생각에서일까. 엄마를 잃은 상실의 아픔을 내가 잘 이겨내고 있을지 걱정이 되는 걸까. 그런데 그만큼 나도 그에게 자주 전화를 건다. 별다른 할 말은 없지만 자연스레 그렇게 되어간다. 서로의 목소리를 들으며 적당한 어색함을 유지하다 인사를 나누고는 전화를 끊는다. 서로에게 전화를 걸거나 받으며 우리는 이전보다 조금 더 자주 연결된다.

일 분도 채 되지 않는 통화 시간. 하지만 그 짧고 무뚝뚝한 통화가 끝나면 허전했던 마음속 빈방이 채워진다. 혹시나 아빠에게도 나와의 통화가 그런 역할을 해주고 있진 않을지, 그래서 더욱 자주 서로의 목소리를 찾게 되는 것일지, 생각해본다.

우리는 공허한 걸까.

67.

우리는 가끔 함께 식사를 차린다.

셋이 함께하던 일을 이제는 둘이 그대로 이어가고 있다. 곳곳에서 엄마의 빈자리를 느끼지만 구태여 그 누구도 먼저 이야기를 꺼내지는 않으면서.
엄마는 늘 걱정이 많았다. 떠날 날이 얼마 남지 않은 것을 직감했었는지 매일같이 아빠에게 살림을 가르쳤다. 끊이지 않는 걱정과 잔소리들.

살림을 하다 모르는 부분이 생기면 엄마라면 어떻게 했을지 머릿속으로 그려본다. 그러다 보면 서서히 답이 떠오른다. 꼼꼼했던 엄마의 방식을 따라 서툴지만 천천히 살림을 배워간다. 어쩐지 우리 둘만 남겨졌지만, 여전히 셋이 함께 살아가는 것 같은 기분이다.

우리는 그럭저럭 잘 지내고 있어요.

68.

 엄마는 '그이'라는 말을 줄곧 썼다. 아빠가 없는 자리에서 그를 '그이'라고 가리켰고, 일기장에도 그를 '그이'라고 썼다. 엄마가 남긴 일기장에는 그이의 마음, 그이가 준 선물, 그이를 만나러 가는 길 등등 그 말이 한가득 이다.

 나는 '그이'라는 그 말이 참 좋았다. 요즘 세대의 사람들은 좀처럼 쓰지 않는 말이겠지만, 그래서 더 흔하지 않은 귀한 그 말이 좋았다. 그 말에는 상대방을 향한 존중이 담겨있는 것 같았다. 존중의 마음에서 태어난 단어들은 다툴 때조차도 서로를 할퀼 수 없는 뭉툭한 모서리를 지녔다. 날 서지 않은 뭉툭한 마음을 품었던 사람들. 오랜 세월 함께 살아온 사람을 '그이'라고 부를 수 있는 그 마음과 관계란 어떠했을까.

 그이, 참 아름다운 말이다.

69.

친구가 병실에 들어가는 순간, 나는 낯익은 모습의 불안에 휩싸인다. 간단한 수술이지만 간단하다고 안전한 것은 아니다. 확률보다 두려운 건 변수다.

오래전 그날의 기억이 내게 깊이 뿌리내리고 있다. 엄마도 차분한 얼굴로 병실에 처음 들어섰지만, 그 후로 몇 달이 지나는 동안 그곳에서 벗어나지 못했다. 그리고는 창백한 얼굴이 되어 병실을, 아니 세상을 떠났다.

병실에 들어선 이상 완벽한 안전은 없다. 병실은 회복의 공간이기도 하지만 죽음의 공간이기도 하다. 그곳에서 환자가 선택할 수 있는 부분이 얼마나 될까. 사람이 떠나면 기억도 그곳에 함께 봉인된다.

병실에 들어가는 사람을 바라보면 나도 모르게 마지막을 떠올리게 된다. 불가피한 불안이 나를 포박한 채 놓아주질 않는다. 사람을 되찾아주는, 사람을 앗아가는, 병실이라는 그곳.

70.

　시인 박준은 말했다. 타인에게 별생각 없이 건넨 말이 내가 그들에게 남긴 유언이 될 수도 있다고. 언젠가 무심코 지나쳤던 저 문장이 새삼 깊숙이 다가오는 날이다.

　오랫동안 어렴풋한 유언을 준비해온 사람이 있었다. 그 사람은 앞으로 가능한 말이 얼마 남지 않았다는 걸 알고 있었는지 한마디 말에도 최대한 많은 감정과 마음을 담으려 했다.

　그렇게 엄마의 모든 말은 유언이 되었다. 순간마다의 말이 결국 마지막이 되었다. 오늘이 마지막인 것처럼 살아가라는 흔한 말은, 실제로 마지막에 가까워진 사람 앞에서는 아무런 의미가 되지 못한다. 슬픔이 녹지 않는 눈이 되어 온 마음을 뒤덮었다.

---

*　박준, [운다고 달라지는 것은 아무것도 없겠지만], 난다

지금의 내가 할 수 있는 일. 슬픔에 너무 오래 잠겨 있지 않고 그것으로부터 서서히 벗어나는 일. 다시 익숙한 일상으로 돌아와 조금 더 행복에 가까워지는 일. 엄마가 남긴 모든 말을 간직하면서도 그것에 얽매이지 않는 일. 선택하는 삶을 꾸준히 살아내는 일.

누군가를 마음속에 영원히 간직하고 살아간다면 그 사람이 남긴 말도 영원히 사라지지 않고 만개할 것이라 믿는다. 그렇게 유언은 불멸의 꽃이 된다.

71.

    글쓰기 모임의 첫날, 우리는 커다란 테이블 주위에 둘러앉아 자기소개를 했다. 서로의 눈만 바라보며 누가 먼저 시작해야 하나 눈치만 보고 있던 어색한 상황 속 누군가 먼저 입을 열었다. 유난히 크고 깊은 눈을 가진 여학생이었다.

    어린 시절 부모님을 떠나보내고 홀로 살아왔는데 아직도 마음 정리가 되지 않아 그들을 위한 글을 써보고 싶다고 했다. 사람들은 그 말을 듣고 모두 비슷한 표정으로 학생을 바라봤다. 아마도 각자가 떠올릴 수 있는 슬픔만큼의 표정이었을 것이다. 갑자기 분위기가 숙연해졌다. 학생은 차분하게 이야기를 이어갔다.

    그런데 나는 더는 학생의 말에 집중하지 못한 채 혼자만의 생각에 잠겼다. 언젠가 나도 누군가의 가슴 아픈 사연을 듣게 되면 그들과 비슷한 표정을 짓곤 했다. 실은 그게 어떤 감정인지 겪어보지 않아서 잘 알지도 못한 채로. 하지만 왠지 슬픔을 마주한 사람이 지을 수 있는 보편적인 표정을 지어야만 할 것 같았다. 물론 안쓰럽다거나 대견하다거나 하는 생각이 들지 않았던 것은 아니다. 단지 거기까지가 내가 짐작할 수 있는 상실의 아픔이었다.

하지만 막상 나도 엄마가 세상을 떠나고 나니 입장이 달라졌다. 줄곧 듣기만 하던 입장이었는데 이제는 죽음과 상실에 관한 모든 이야기가 늘 나를 포함하는 것 같았다. 그래서 학생의 말을 들으면서 엄마를 떠올릴 수밖에 없었다. 그들의 표정이 학생이 아닌 나를 향하고 있는 것처럼 느껴졌다. 내가 지금까지 상실의 슬픔에 공감할 수 없었던 것처럼 그들 모두가 학생의 아픔에 대해 완전히 공감할 수는 없었을 것이다. 그건 어쩔 수 없는 일. 나도 죽음과 상실은 나와는 상관없는 일처럼 여기곤 했으니까.

학생이 소개를 마치고 옅게 미소를 지었다. 감출 수 없는 슬픔의 눈빛. 사람의 마음은 두 눈에도 깃드는 걸까. 숨길 수 없는 마음의 잔해늘이 온몸을 유영하다 눈망울의 표면까지 떠오른 것처럼 그 눈은 마음을 투영하는 듯했다. 세상의 모든 민낯을 홀로 관통해 왔을 그 학생은 가녀려 보였지만 어쩐지 쓰러지진 않을 것 같았다. 어깨가 짓눌릴 만큼 버거운 세상이었을 텐데.

요즘 들어 학생의 사연뿐만 아니라 부모님의 죽음을 겪은 사람들의 사연을 많이 듣게 된다. 우연의 일치라고 생각했는데 아니었다. 비탄에 빠진 사람들은 늘 곁에 있었는데 내가 이제야 그들의 사연에 공감할 수 있게 된 것뿐이었다. 슬픔의 신호를 감지할 수 있게 된다는 건 그만큼 내면에 슬픔이 쌓여간다는 의미가 아닐까. 도저히 외면할 수 없는 신호들이 나의 마음을 한순간 뒤흔들어 놓는다.

우리는 모두 누군가를 먼저 떠나보내고 세상에 남겨진 사람들이다. 다만 가까운 이가 죽음을 맞이하기 전까지는 구태여 의식하지 않을 뿐 상실은 늘 우리 곁에 있었다. 우리가 외면한 슬픔이 세상을 배회한다. 자신을 정면으로 바라봐 주기를 기다리면서.

72.

추모공원에 들를 때마다 금세 채워진 봉안당의 모습을 보게 된다. 한 달 전까지만 해도 텅 비어있던 공간인데 그 짧은 기간에도 죽은 이들이 앞다퉈 밀려든 모양이다. 드넓은 이 광장은 꽃 이름으로 구역이 나뉜다. 구절초가 피어나는 햇볕이 잘 드는 한구석, 엄마는 그곳에 차분히 잠들어 있다.

처음으로 엄마 주변에 함께 잠든 사람들을 바라본다. 작고 네모난 사물함 같은 곳에 각자의 평생이 자리 잡고 있다. 유리창마다 촘촘히 붙어있는 사진들, 그 속에는 엄마보다 나이 든 사람들이 대부분이지만, 아직 교복을 채 벗지 못한 아이도 있다.

엄마의 이웃들에게 눈길로나마 뒤늦은 인사를 건넨다. 늙은 사람만 세상을 떠나는 줄 알았던 단순하고 막연한 시절이 있었지만, 봉안당을 천천히 거닐다 보면 사람은 한순간 무작정 떠난다는 걸 알게 된다.

먼저 떠나간 사람들이 나를 바라본다. 말없이 네모 안에서 웃음 짓고 있다. 삶과 죽음에 대해 아무것도 알려줄 수 없다는 표정으로. 살아있는 네가 이곳에서 할 수 있는 건 적당히 그리워하다 돌아가는 일뿐이라고 말하는 것 같다.

이듬해에는 봉안당 건물이 증축된다고 한다. 이렇게 큰 공간도 사람들이 떠나는 속도를 감당하지 못한다. 떠나간 사람들을 위해 남겨진 사람들이 쉴 곳을 마련한다. 그리고 삶과 죽음의 순환과 반복이 이어진다.

구절초가 피어나는 곳, 나는 그 앞에 쪼그려 앉아 물끄러미 엄마를 바라본다.

적당히 그리워하는 일이 가능할까.

73.

빈자리는 영원히 빈자리로 남는다.
누구도 채울 수 없는 고유한 흔적으로.

시간이 흐를수록 빈자리가 선명해진다. 떠나간 사람은 남겨진 사람의 삶에서 날마다 다시 태어난다. 익숙하지만 낯선 모습으로 되살아나 내게 말을 건다.

빈자리가 되는 것, 빈자리로 남는 것,
그리고 빈자리로나마 남는 것.

우리는 그 길을 향해 묵묵히 걷는다.

74.

다시 만날 수 없다면, 살아있어도 다시 만날 수 없는 관계라면, 그들은 내 삶의 반경에 여전히 살아있다고 말할 수 있을까. 사는 동안 안부조차 물을 수 없는 사람들, 세상 어딘가에 그때 그 모습 그대로 살아있다고 믿을 수밖에 없는 사람들. 죽음과 이별은 얼마나 다를까. 결국 다시 볼 수 없다면, 그들은 모두 서로의 삶에서 이미 죽은 사람들이다.

75.

　엄마의 기일. 어느덧 1년이라는 시간이 흘렀다. 우리 둘에게 1년은 너무 길고도 짧은 날들이었다. 상실에 익숙해지기에는 너무 짧았고, 날마다 그녀의 부재를 체감하기에는 너무 길었다.

　그 시간 동안 변한 건 많지 않았다. 전염병 시대는 아직도 끝나지 않았고, 아빠와 나의 삶에도 이렇다 할 변화는 없었다. 나는 아직도 드물게만 출근하는 상황이고, 아빠는 여전히 텅 빈 집에서 혼자 지낸다. 적막함이 어색해 TV만 온종일 틀어둔 채로.

　우리는 계획한 대로 엄마가 꾸준히 다니던 절에 가서 제사를 지냈고, 추모공원에 들러 사진 속 엄마에게 안부를 전했다. 유골함 주변에 우리 셋이 함께 찍은 사진들을 넣어두길 잘했다고 생각했다. 어쩐지 사진 속 우리를 보고 있으면 함께 있는 것처럼 느껴졌다. 몇 장 안

되는 그 사진들마저 없었다면 얼마나 허전했을까. 1주기를 맞은 탓인지, 매번 방문할 때보다 조금 더 기분이 가라앉았다.

엄마의 기일에 아빠와 나는 유난히 서로 말이 없었다. 장거리 운전을 하면서도 우리는 대부분 침묵을 유지했다. 결국 같은 걸 생각하고 있었기에 대화의 필요를 느끼지 못했던 걸까. 너무 오랫동안 이어진 정적을 깨기가 두려워 오히려 쉽사리 말을 꺼낼 수도 없었다. 아마 아빠도 같은 생각을 하고 있을 것 같아서 분위기를 일부러 바꿔보려 하지 않고 흐름에 맡겼다.

작년 이맘때는 눈이 내렸었다. 함박눈이 쏟아지던 날의 배웅이었다. 오늘 하늘은 그때와 달리 유독 청명했다. 구름도 별로 없는 깨끗하고 높은 하늘. 오늘 같은 날에는 그래도 눈이 내려주길 바랐는데. 물론 눈이 내린다고 달라질 건 없겠지만, 그래도 눈을 보면 마음이 나아질 것 같았다. 마음을 어디에 둬야 할지 몰라 맑은 하늘만 원망해보면서, 그렇게 첫 번째 기일을 보냈다.

76.

    삶은 결국 죽음으로 향한다. 주변의 사람들이 하나둘 죽음의 세계로 떠나는 걸 목격한다. 나도, 내 주변의 이들도 결국은 나이가 들어 죽거나 질병과 사고 때문에 죽게 된다. 누구도 죽음을 피할 수 없다. 죽음은 생각보다 멀거나 가까운 이야기다. 거리와는 상관없이 하루하루 죽음에 가까워진다.

    죽음을 떠올리면 삶이 모호해진다. 떠날 것을 생각하면 모든 게 무의미해진다. 열망 가득했던 꿈도, 반짝이던 사랑의 순간들도, 미래를 향했던 혹독한 인내와 수련도, 그토록 찾아 헤맸던 삶의 의미도, 죽음 앞에서는 모두 한 줌의 재가 된다.

    죽음을 목격하기 이전에는 늘 인생의 유한함이 삶의 가치를 높여준다고 믿었지만, 지금의 나는 냉소로 가득한 시기를 건너고 있다. 삶을 향한 시선과, 관계 속의 균형과, 일상을 채우는 모든 순간이 덧없게 여겨진다.

이 시기를 무사히 건넌다면 원래의 나라고 믿었던 그 사람에게로 돌아갈 수 있을까.

그런데 이 시기는 일시적일까.

77.

본가에는 여전히 엄마의 모든 물건이 그대로 있었다. '그날'로부터 1년도 넘는 시간이 흐른 상황이었다.

엄마가 퇴원할 상황을 대비해 미리 마련해둔 낡은 병상과 휠체어가 먼지만 쌓인 채로 안방을 차지하고 있었다. 다른 물건들도 마찬가지였다. 아무것도 변한 게 없었다.

'그날' 이후 본가에 내려올 때마다 아빠가 말했다.

사람을 불러서 폐기해야 하나, 중고로 팔아야 하나, 주변에 필요한 사람은 없을까, 무엇부터 정리를 시작해야 할지 모르겠다.

물건을 정리하지 못하는 아빠의 마음을 알면서도 나는 그를 몰아세웠다. 아직도 정리를 시작하지 않은 건

정말 말이 안 된다고. 정리를 시작해야 마음도 나아지기 시작할 것이라고.

그렇게 우리는 다투기 시작했다. 사랑은 당연한 마음이었다. 이유야 어찌 됐건 결국 엄마를 사랑했던 마음들이 각자의 다른 생김새가 되어 부딪치는 것이었다. 우리는 환경에 변화가 필요하다는 걸 알고 있었다. 곧 집을 옮겨야 할 것 같다고 느끼고 있었다. 다만 아직은 행동이 되지 못한 마음과, 무작정 행동부터 시작하는 마음이 서로 마찰을 일으키며 날 서지 않은 다툼이 되었다.

몇 달의 시간이 더 흘렀고, 아빠는 결국 엄마의 집을 정리하기로 결심했다. 나와의 다툼이 아직 준비도 안 된 그의 마음의 방아쇠를 당긴 건 아닌지 죄책감이 들었지만, 나는 환경의 변화를 위해서라도 애써 의연한 척을 했다. 그에게는 생각보다 훨씬 더 많은 시간이 필요했던 것이다.

세상에는 하나의 결심을 위해 수천 개의 문을 닫아야만 하는 경우도 있다.

78.

 아빠가 원망스러웠다. 늘 엄마에게 약속만 하고 지키지 않았던 그가 미웠다. 나의 가장 친한 친구이자 영웅이었지만, 결단이 필요한 시기에 결단을 내리지 못했던, 대책 없이 중대한 일들을 선택했던 그를 이해할 수 없었다. 엄마의 죽음에서 비롯된 허탈과 분노의 화살이 곁에 있던 그를 향해 날아갔다.

 내가 원망스러웠다. 늘 엄마에게 늦게 도착하던 내가 미웠다. 열등감이 많고 예민한 성격을 그녀 탓으로 몰고 갔던, 그녀의 지원을 고마움도 없이 당연한 것이라 여겼던, 가난한 우리의 형편을 부끄러워했던, 고작 글 같은 걸 쓴답시고 현실을 외면했던, 나 자신을 이해할 수 없었다. 모든 것에 늦어버렸다는 마음에 거울조차 볼 수 없었다.

 그렇게 우리의 대화가 급격히 줄었다. 예전에는 서로 무슨 말들을 하며 평범한 일상을 살아왔는지도 기억나지 않았다. 언제부턴가 우리의 대화가 낯설고 서먹해졌다. 함께 드라이브를 떠나도 갈 곳을 정하지 못했고, 어떤 취미를 공유할 수 있는지도 생각해본 적이 없었다. 아마도 유년 시절이 끝남과 동시에 머리가 다 자랐다는 이유로 아빠를 어려워하기 시작했던 것 같다. 그렇게 멀어졌던 우리의 거리가 다시 한 번 더 멀어지고 있는 걸 느꼈다.

그녀가 없는 우리는 어떻게 서로에게 닿을 수 있을까. 예전처럼, 유년 시절의 그때처럼 서로의 등에 쌓인 때를 밀어주며 지낼 수 있는 날들이 다시 찾아올까.

허전한 마음에 자라난 후회와 자책이 뾰족한 원망이 되어 생각지도 못한 곳을 향하고 있다. 과녁은 아빠가 아닌 나 자신이 되어야 하는데.

79.

 간직하기 위해 떠난다는 말은 모순이라고 믿었다. 간직하고자 한다면 곁에 머무르는 것만이, 잊으려 한다면 떠나는 것만이 정답이라고 믿었다.

 하지만 엄마와의 시간을 간직하기 위해서는 우선 나의 삶을 온전히 지탱해야 한다는 것을 알게 되었다. 그녀가 부재한 장소를 마주할수록 나는 점점 더 연약해지고 무기력해졌다. 마음이 무너진 상태로는 아무것도 제대로 간직할 수 없었다.

 슬픔과 고통의 순간들이 아름다웠던 시간마저 지우도록 방치할 수 없었다. 때로는 적당히 떠나보내는 일이 많은 것을 지켜내는 걸까. 엄마도, 엄마와의 시간도, 남겨진 이들의 일상도. 간직하기 위해 떠난다는 말이 이제 더는 모순으로 다가오지 않는다.

어쩌면 삶이란 정답이라고 믿었던 것들을 하나씩 수정해가는 과정이 아닐까. 엄마와의 시간들이 슬픔과 아픔만은 아니었음을, 아름다움으로 간직하기 위해서 이제 우리는 그녀와 함께 살던 집을 떠나려 한다.

80.

이삿날 아침.

폐기물 업체와, 이삿짐센터의 직원들이 동시에 도착했다. 갖고 갈 짐은 이삿짐센터로, 버리거나 중고로 판매할 짐은 폐기물 업체로 넘겼다. 예상은 했지만 갖고 갈 짐보다 버리는 짐이 훨씬 많아서 직원들이 비용을 다시 책정했다.

이곳에 이사 온 이후로 한 번도 집을 옮기지 않았던 까닭에 집은 물론이고, 아파트 단지와, 동네의 곳곳에 유년 시절의 추억이 깃들지 않은 곳이 없었다. 버리고 가야 할 것들은 버리고 가야 하지만, 버려지는 게 물건만은 아닌 것 같아서 가슴이 먹먹했다.

30년 가까이 살던 집이 비워지는 데는 2시간도 채 걸리지 않았다. 텅 빈 집안을 잠시 둘러보다가 과거에 함몰될 것 같은 마음에 서둘러 문을 닫고 나왔다.

버리는 짐이 1톤 트럭에 가득 실려가고 있었다. 이삿짐 트럭은 그것과는 반대 방향으로 출발하고 있었다. 우리는 그 모습을 한참을 바라보다 차에 몸을 싣고 시동을 걸었다. 아파트 단지가 서서히 멀어져 갔다.

오랜 시절과의 영원한 작별이었다.

81.

당신이 오랜 시간 누워있던 자리를 바라본다. 침대보다는 바닥을 고집하던 마음이 실은 형편을 생각하는 마음이었다는 걸 모르지 않았다. 알면서도 바닥이 편하다는 말을 억지로 믿었다.

당신이 매일 아침 앉아 불경을 외던 화장대가 실려 나간다. 기둥에 부딪히며 흠집이 생겨나도 오래전 이미 한쪽 다리가 부러진 것에 비하면 대수롭지 않다. 귓가에 맴돌던 불경 소리는 끝내 익숙해지지 않았지만, 그것의 의미와 방향만은 알 것 같다.

당신의 옷가지를 정리하는 데 한 해가 걸렸다. 그와 함께 옷을 한 벌씩 접어두며 '이걸 어떻게 해야 하나' 망설이다 걸린 시간이다. 우리는 서로 말 한마디 없이 당신의 옷을 접었다. 한 해 동안 정리한 옷장이 실려 나가는 데에는 오 분도 부족하지 않았다.

당신은 나무처럼 이곳에서만 살았다. 스스로 한 곳에 뿌리를 내리고 다른 곳을 바라보지 않았다. 세월의 얼룩이 고스란히 묻어난 장판 무늬가 당신의 나이테처럼 방안을 가득 메우고 있다. 당신의 방은 당신의 유일한 반경이었다.

82.

이삿날 점심.

새로운 장소로 실려온 짐들이 옮겨졌다. 버린다고 버리고 왔는데도 짐이 가득했다. 셋이 살던 곳에서 둘이 살만한 곳으로 옮긴 탓인지 유난히 집이 비좁아 보였다. 다부진 체격의 인부들조차 가까스로 힘을 합쳐 냉장고를 옮기는 걸 보면, 오래된 냉장고의 크기와 무게가 새삼 부담스럽게 느껴졌다.

낡은 냉장고는 이사 온 집의 면적에 비해 크기가 너무 컸다. 방안에 갇힌 코끼리의 모습이 그러했을까. 어디에 놓아도 옴짝달싹하지 못하는 모습이 우스꽝스러웠다. 거실장, 수납장, 책장도 마찬가지였다. 각각의 공간마다 코끼리가 한 마리씩 웅크리고 있는 것 같았다. 비대한 과거를 억지로 끌고 와 막무가내로 현재에 욱여넣는 기분이랄까.

인부들이 떠나고 아빠와 단둘이 남아 새로운 공간을 둘러본다. 아직 짐정리가 끝나지 않은 탓도 있겠지만, 한없이 낯설게만 느껴질 따름이다. 이제부터 이곳이 아빠가 혼자, 가끔씩 나와 둘이서 살아가야 할 공간이다.

이곳에 적응하기까지는 얼마나 긴 시간이 필요할까.

83.

　일상을 문장으로 기록한다. 지나간 순간들을 온전히 기억하기 위해 세심하게 문장을 다듬는다. 세월이 흐르고, 사람은 늙어도, 문장은 늙지 않는다. 문장을 쓴 사람이 세상을 떠나고, 문장 속에 등장하는 사람이 세상을 떠나도, 문장은 여전히 그대로다.

　언제부턴가 문장 속에는 생생하게 살아있지만, 현실에서 더는 살아있지 않은 사람들이 늘어간다. 시간의 흐름을 따르는 건 어쩌면 당연한 일일 테지만, 습관처럼 기록을 남기는 내게는 유독 그들을 그리워하는 일이 숙명처럼 여겨질 때가 있다.

　간절한 소망과 희망도 문장 속에서는 영원하지만, 현실에서는 단지 어렴풋한 과거의 일로 남는다. 남겨진 문장은 결코 사라지지 않고, 일생 동안 내 곁을 맴돈다. 매 순간 내 발목을 잡고 놓아주지 않는다.

84.

꿈.

 모두의 머리 위에 남은 수명을 가리키는 숫자가 파리처럼 맴돌고 있다. 나는 아무것도 모르는 평화로운 사람들의 일상을 바라보며 거리를 걷는다. 나이는 대략 겉모습으로 유추할 수 있지만, 그들 머리 위의 숫자는 겉모습과는 아무런 연관이 없는 듯하다.

 연로한 노점상 주인과, 불량식품을 고르는 아이와, 교복을 입은 학생과, 꽃다발을 든 여인, 거동이 불편한 중년의 사내, 구급차에 실려가는 노인, 걸음마를 시작한 갓난아기.

 수많은 사람의 머리 위에 각기 다른 숫자가 떠 있다. 숫자는 순서도 규칙도 없다. 다만 무심코 뽑은 번호표를 들고 있는 사람들 같다. 자신의 숫자를 모르는 평안한 그들과는 달리 내 마음만 초조해진다. 그렇게 느긋할 때가 아닐 텐데, 너무 서두를 필요는 없을 텐데, 참 무심한 숫자를 살고 있네.

문득 내 머리 위를 맴도는 숫자가 느껴진다. 고개만 올려 들면 남은 수명을 알 수 있다. 언제나 궁금했던 그 숫자가 바로 위에 있는 것이다. 저 학생보다는 당연히 큰 숫자일 것 같은데, 아니 어쩌면 저 할머니보다 작은 숫자일 수도 있다. 알면 안 되는 일일수록 마음이 이끌리는 법일까. 나는 깊은 고민에 빠져 바닥에 주저앉는다. 얼마나 더 살 수 있을까. 내 삶은 어디까지일까. 수명을 알고도 충분히 의미 있는 삶을 살 수 있을까.

바닥을 딛고 일어나 숨을 가다듬는다. 경직된 고개를 천천히 위로 들어 올린다. 목이 파르르 떨린다. 숫자의 형태가 보일 듯하다. 시선이 날아가는 숫자를 좇는다. 그 숫자는,

현실.

아무것도 볼 수 없는 나. 거리를 가득 메운 사람들. 영원히 살 것처럼 여유로운 사람들, 내일 죽을 것처럼 분주한 사람들. 시간의 무한함과 유한함 사이에서, 아무것도 모르는 채로, 하지만 다르게 살아가는 우리들.

85.

 서울에서 혼자 살던 집을 다시 계약했다. 은행에서 대출 관련하여 주민등록등본과 가족관계증명서가 필요하다기에 오랜만에 집 앞 동사무소에 들렀다. 창구에서 가족관계증명서를 대수롭지 않게 받아들다가 나는 한참 동안 망연해졌다.

 엄마의 이름 옆에 '사망'이라는 두 글자가 냉정하게 적혀있었다. 나는 그 글자를 똑바로 응시할 수 없어 시선을 다른 곳으로 돌렸다. 증명서를 아무렇게나 반으로 접어 주머니에 넣었다. '그날' 이후 처음으로 목격한 글자였다. 시간이 흘러도 아득한 기분은 그날과 조금도 달라진 게 없었다. 품 안에 몰래 감춰온 물건을 실수로 바닥에 떨어뜨려 모두에게, 그리고 나 자신에게도 들킨 기분이 들었다. 어느새 잊고 있었던 걸까.

 사망이라니.

 틀린 말은 아니지만 여전히 똑바로 바라볼 수 없는 서늘하고 무서운 그 말.

86.

서쪽에서 바람이 분다.
바람에서 엄마의 헌 옷 냄새가 난다.

87.

    슬픔에도 내성이 있는 걸까. 슬픔은 여전히 내 곁을 맴도는데, 나는 슬픔에 서서히 무감각해지고 있다. 슬픔이 너무 빠르게 내 곁에서 멀어진다. 과부하된 슬픔에 위협을 느낀 몸과 마음이 끊임없이 밀려오는 슬픔을 더는 받아들이지 못하는 걸까.

88.

장례식장에서의 감사와 분노도 시간의 칼날에 분쇄되어 흔적도 없이 사라져 간다. 그토록 원망스럽던 이들을 다시 웃으며 마주할 수 있고, 그토록 고마웠던 이들과 다시 서먹해하며 멀어진다.

좋은 일로 보답하겠다는 말을 했었는데, 좋은 일이란 과연 무엇일까, 인연을 끊겠다는 다짐을 했었는데, 구태여 그럴 필요까지 있을까, 하는 부끄러운 생각들을 하게 된다.

분노는 잊어도 감사한 마음들은 결코 잊지 않아야 한다. 망설임 끝에 곁을 내어준 그들의 발걸음만큼은.

89.

　아픈 몸을 살아가는 사람을 바라볼 때마다 사람은 결국 자신의 몸 안에 갇혀 사는 존재라는 생각을 한다. 몸이 마음을 따라 자유롭게 움직이던 시절이 지나가면 마음은 무한해도 몸이 허락한 만큼만 활동 가능한 삶이 찾아온다. 물론 지금의 나는 그런 삶을 잘 알지 못한다. 하지만 언제든 한순간에 내 삶의 모습이 정반대로 바뀔 수 있다는 건 알고 있다. 다른 사람의 삶처럼, 다른 세상처럼, 당장에라도 한순간에.

　사람들은 자신들의 젊음과 건강이 영원할 것처럼 살아가지만, 지금 이 순간에도 우리 몸은 노화가 진행 중이고, '아직'은 건강할 뿐이다. 건강을 위해 달리기를 하다가 혈관의 장난으로 더는 심장이 뛰지 않을 수도 있고, 출퇴근 길에 다른 운전자의 졸음으로 교통사고가 발생해 유언도 남기지 못하고 삶이 막을 내릴 수도 있다. 물론 그런 일이 '자신에게' 발생할 확률은 희박하지만, 뉴스에는 그런 일들이 매일 보도된다.

바다에는 늘 파도가 존재한다. 저 멀리 파도가 높게 일면 근사한 경치가 되지만, 서서히 해변에 가까이 다가올수록 공포가 되고, 그제야 혼신의 힘을 다해 도망쳐봐도 때는 이미 늦은 뒤다. 무엇이든 나의 일이 되기 전까지는 먼 곳의 구경거리일 뿐이다.

지금의 나는 '아직' 건강한 편이지만 지금도 결국 몸이 허락한 만큼만 활동할 수 있다. 몸 안에 갇힌 채로, 자신이 몸을 돌보는 만큼, 질병과 사고가 발생하지 않을 확률만큼, 혹은 운명 같은 것에 의하여 주어진 시간만큼, 딱 그만큼 살아가는 중이다.

90.

봉안당에서.

저 멀리 들려오는 누군가의 울음소리. 한 여인이 유골함이 늘어선 길목에 서 있다. 여인의 눈길이 머무는 곳, 그곳에 사진 속 앳된 얼굴이 웃고 있다.

얼마나 일찍 세상을 떠난 걸까.

여인을 지나쳐야만 엄마가 잠든 곳에 갈 수 있는데, 잠시 지나가겠다는 말을 꺼내보지도 못하고 무작정 여인의 울음이 그칠 때까지 기다려 본다.

세상에는 막아서면 안 되는 울음도 있다.

91.

 한 인터뷰집을 읽다가 가슴이 철렁했다. 등장하는 아주머니의 이름이 엄마의 이름과 성까지 똑같았기 때문에. 살면서 엄마와 같은 이름을 쓰는 사람은 본 적이 없었는데 이렇게 무방비로 마주하게 될 줄이야. 아주머니는 자신의 이름이 어질고 맑은 사람이라는 뜻이라고 설명했다. 나는 그걸 지금까지도 모르고 살았다. 엄마의 이름이 어질고 맑은 사람이라는 뜻이었다는 걸 엄마가 떠난 지금까지도 몰랐고 궁금해한 적도 없었다. 어떻게 그럴 수 있었을까. 한심하기 이루 다 말할 수 없었다.

 너무 늦게 알게 된 어질고 맑았던 사람. 이름처럼 살다가 떠난 사람이 엄마였다. 인터뷰집에 실린 아주머니의 모습은 엄마와 달리 튼튼한 몸을 지니고 있었다. 농사꾼으로서의 오랜 경력을 갖고 있었다. 건강한 주름이 가득한 얼굴로 사진 속에서 웃고 있었다. 이름만 같은 사람일 뿐인데도 하던 일을 제쳐놓고 아주머니의 이야기를 읽어내려갔다.

기분 탓이겠지만 아주머니와 엄마는 마음의 결이 닮은 사람들처럼 느껴졌다. 마음을 받으면 늘 곱절로 갚으려는 씀씀이도, 늘 아래로 향하던 따뜻한 마음씨도, 아저씨와의 정다운 일상까지도, 모두 엄마를 연상케 했다. 엄마와 같은 이름을 쓰는 사람의 일화를 읽게 된 건 반가운 일이지만, 그럼에도 하필이면 엄마와 같은 이름을 갖고 있어서, 하필이면 엄마와는 다른 체구여서, 더욱 그립고, 아쉽고, 부럽기도 한 마음이 속수무책으로 부풀어 올랐다.

어쩌다 읽게 된 인터뷰집 탓에 온종일 마음이 정처 없어졌지만, '어질고 맑은' 그 아주머니의 삶을 조금이라도 더 들여다보고 싶어진다. 잘 모르겠지만 무작정 응원하고 싶어진다.

92.

 고통 없는 세상 속 어딘가, 잔잔한 물결이 흐르는 강가, 윤슬로 눈부신 수면, 물길을 가르는 오리들, 초록이 우거진 풀밭, 바람에 흩날리는 나뭇잎, 발 앞에 떨어지는 햇살, 산책하는 사람들, 발목을 잡는 풀잎들, 낡고 때 탄 나무 벤치, 흘러간 노래, 낡은 책과 편지들, 손글씨, 오래된 종이에 깃든 냄새, 먼 데서 찾아온 안부, 그리운 얼굴, 어루만지는 손길, 깊고 따뜻한 포옹, 그곳, 긴 작별 인사,

93.

유원지 가는 길.

고속도로를 달리고 있었다. 뒷좌석의 나는 아직 어린아이였고. 앞좌석 사이로 고개를 빼꼼히 내밀면 엄마가 내 턱을 쓰다듬어줬다. 세상에서 가장 부드러운 턱이라면서. 까끌까끌한 아빠의 수염 난 턱과는 다르다면서.
도로에는 유난히 단속 카메라가 많았다. 아빠는 카메라 앞에서만 속도를 줄이고는 이내 다시 달리기를 반복했다. 그게 그렇게나 비겁해 보일 수 없었던 걸까.

지켜야 할 건 지켜야 하잖아요.

갑자기 당돌해진 나의 말에 그들은 서로 마주 보며 멋쩍게 웃었다. 아빠는 살며시 브레이크를 밟으며 자세를 고쳐 앉았고, 나는 게임에서 이긴 승자처럼 팔짱을 낀 채 그를 감시했다.

오래된 카세트테이프에서 노래가 흘러나올 때마다 앞좌석 사이로 그들의 포개진 손을 볼 수 있었다. 짧게만 느껴지던 유원지 가는 길, 낡은 자동차 안이 봄날의 소풍 같았던.

이제 나도 운전을 곧잘 하게 되었다. 부드러운 턱은 온데간데없고 아빠처럼 까끌까끌한 턱이 되었다. 단속 카메라가 보일 때만 급브레이크를 밟을 줄 아는 베테랑이기도 하고.

지켜야 할 건 지켜야 하잖아요.

이제 그렇게 혼잣말을 한다. 낡은 자동차 안에서 홀로 지나간 시절을 떠올리며.

길고 먼 운전을 떠난다.

94.

　고독 속에서 온종일 상실의 슬픔을 응시했다. 낯선 슬픔이 짐승처럼 날뛰다 잠잠해지기를 반복했다. 아무도 자신을 상대하지 않자 슬픔은 내 품에서 긴 잠에 빠져들었다. 하지만 언제라도 누군가의 서툰 손짓이 슬픔을 어루만지면 금방이라도 깨어나 그 손을 물어뜯을 것이다.

　상실을 겪은 이들은 내면의 극한까지 파고들 자신만의 시간과 공간이 절실하다. 사람들 속에 위안이 숨겨져 있을지라도, 그것보다 선행되어야 하는 건 자신의 감정과 대면해보는 일이라고 믿는다. 슬픔도, 분노도, 죄책감도 직접 마주해야만 더는 그것들의 목줄에 끌려다니지 않는다.

　고독과 거리가 멀었다면, 나는 슬픔의 유목민처럼 낯선 세상을 떠돌았을 것이다. 내가 어디로 떠나는지도 모른 채로, 감정이 어느 곳으로 흐르는지도 모른 채로.

목적과 의미를 잃고 무거운 슬픔에 잠겨 끝없이 방랑하는 삶. 가끔은 혼자에 익숙한 삶이 축복이 되는 순간도 있다.

95.

그날 울지 못한 나의 슬픔이
보잘 것 없는 문장이 되어 흘러내린다.

96.

 문득 초등학생 때의 기억이 떠올랐다. 대부분의 시간을 엄마와 함께 집에서 보냈다. 아빠의 퇴근을 기다리며 우리는 둘이서 TV에서 방영하는 영화들을 자주 봤다. 주로 모험과 탈출에 관련된 영화들이었다.

 야근에 발목 잡힌 아빠의 귀가가 늦어지는 날들이 종종 있었다. 늦은 밤 엄마와 함께 둘만 집에 남아있다 보니 무서운 생각이 들었던 것 같다. 영화에서처럼 악당들이 쳐들어오면 어떡하지, 엄마를 납치해가면 어떡하지. 아파트처럼 안전한 곳도 없었지만, 악당들은 무슨 수를 써서라도 침입하는 자들이니까.

 다음 날 아빠에게 말했다. 야구 방망이를 하나 사달라고.
 아빠는 요즘 내가 친구들과 야구를 즐기는 줄 알고 흔쾌히 야구방망이를 사줬다. 실은 그건 야구를 위한 게 아니었다. 혹시나 아빠가 없는 동안 엄마가 위험에 처하면 내가 직접 악당들을 때려잡기 위한 무기였다.

엄마를 지키고 싶었던 어린 마음이었다.

97.

엄마의 휴대전화에 나는 '희소식'이라고 저장되어 있었다.

98.

오랜만에 집에 내려와 늦잠을 자고 있었다.

다녀올게.

아빠가 내게 말했다. 그리고 출근길 현관을 나섰다. 아빠가 늘 엄마에게 해왔을 말이었다. 아무리 천천히 말해도 2초 이상 걸리지 않는 짧은 그 말. 아빠는 그 말이 얼마나 그리웠을까.

그 말이 어색해서 나는 아무런 말도 하지 못했지만, 내일부터는 가끔이라도 짧은 인사를 건네봐야겠다. 엄마가 그래 왔던 것처럼.

잘 다녀오세요.

99.

 사람이 변화된 환경에 적응하는 속도가 때로는 너무도 잔인하게 느껴진다. 상실에 적응하는 속도는 슬픔의 크기와 비례하는 것이 아닐까. 감당할 수 없는 슬픔을 극복할 수 있는 유일한 방법은 상실에서 비롯된 변화에 최대한 빠르게 적응하는 것일 테니까. 어쩔 수 없는 일이겠지만 가끔은 인간의 적응력에 환멸을 느낀다.

100.

　오래전 『죽음에 관하여』라는 웹툰을 감명 깊게 본 적이 있다. 삶과 죽음의 경계에서 신이라는 존재가 죽은 이들의 마지막 심정을 들어주는 설정으로 이야기가 시작된다. 신의 판단으로 누군가는 죽음 이전으로 돌아가 인생과 사람에 관한 새로운 깨달음으로 삶을 다시 시작하기도 하지만, 죄를 지은 누군가는 지옥으로 보내지는 대신 피해자의 입장으로 다시 태어나 직접 고통을 겪어 보게 만든다. 물론 이런 에피소드도 있다. 내가 가장 좋아하는 에피소드이기도 한.

　할아버지가 저승에 도착한다. 신과 함께 문을 향해 걷는다. 할아버지는 말한다. 좋은 아내를 만나, 좋은 딸을 낳고, 좋은 인생을 살았다고. 신이 말한다. 문을 통과하면 모든 기억을 잃고 환생한다고. 여기서부터는 혼자 가셔야 한다고. 하지만 어쩐지 문 앞에 선 할아버지는 행복했다는 말과 달리 한숨만 내쉬며 얼굴에 그늘이 진다.

12년 후.

할머니가 저승에 도착한다. 신과 함께 문을 향해 걷는다. 할머니는 말한다. 애들 뒷바라지만 하다가 간다고. 12년 전 영감 먼저 떠나보내고 홀로 고생만 했다고. 하지만 그래도 다행인 건 진짜 사랑을 했다고. 19살부터 50년 동안. 할머니가 신에게 묻는다. 저 문을 통과하면 영감을 볼 수 있느냐고. 신이 답한다. 기억을 잊고 환생하게 될 것이라고. 할머니의 표정에 섭섭한 기색이 역력하다.

가까스로 문 앞에 도착한 할머니는 할아버지 생각에 아쉬워서 문으로 들어서지 못한다. 그때 어디선가 할아버지의 목소리가 들린다.

할멈. 안 본 사이에 쭈글이가 되었구만? 기다렸소. 거참 늦게도 오는구먼. 12년 동안 심심해서 혼났소. 이제야 좀 낫군. 자, 업혀요. 딸아인 많이 컸소? 나 없어 보니 어떻소?

12년간 문 주변에 앉아서 할머니를 기다려온 할아버지가, 비로소 재회한 할머니를 업고, 문으로 천천히 들어선다. 구부정한 그들의 모습이 연애 시절의 젊은 연인의 모습으로 오버랩되며 이야기가 끝난다.

신이 그들과 함께 걸으며 한 말이 있다. 부부는 다음 생에도 부부이니 너무 걱정하지 말라고. 하지만 그들은 무엇보다 기억을 잊고 환생한다는 말이 아쉬워 발걸음을 내딛지 못했다. 환생도, 다음 생에 다시 만나게 될 것이라는 인연도, 그 사람과의 소중했던 기억을 잊게 된다는 사실 앞에서는 아무런 소용이 없었던 걸까.

웹툰 『죽음에 관하여』를 읽고 4년이라는 세월이 흘렀다. 까마득히 잊고 살았던 웹툰의 한 에피소드가 생생하게 떠오른 건 아마도 엄마가 세상을 떠나고 홀로 남겨진 아빠의 일상을 바라보다 불현듯 '재회'에 관한 상상을 해봤기 때문인 듯하다. 웹툰의 설정처럼 신과 대화를 나눌 기회가 있을지는 모르겠지만, 믿음과 상상 속에서는 얼마든지 노부부의 이야기처럼 '재회'가 가능할 수도 있으니까.

만약 다음 생이 있다면, 환생한 그들이 다시 만나 또 한 번 사랑을 한다면, 영원한 사랑도 단지 꿈 같은 이야기에 불과한 것만은 아닐 것이다.

101.

 다시 만나고 싶은 사람, 다시 만나고 싶지만, 다시는 볼 수 없는 사람, 다시 만날 수만 있다면, 허락된 시간 동안 머나먼 곳에서, 그녀의 뒷모습만이라도 바라볼 수 있다면, 먼저 거닐은 발자국을 따라 우리의 보폭을 기억해볼 수 있다면, 그럴 수만 있다면, 홀로 걷던 어두운 골목과, 중얼거리던 그리운 이름에도 빛이 들 텐데, 또 한번 생이 주어진다면, 그때도 우리 다시 만나게 된다면, 짧았던 그녀의 생에 덧대어, 우리 함께 곱절을 살아볼 수 있다면, 그때는 내가 그녀의 엄마라도 좋겠네.

*

그리고, 봄

102.

겨울에 붙들려 있었다.

 세계를 덮친 전염병과 나를 덮친 개인의 슬픔이 세상의 시계와 달력을 무용하게 만들었다. 나를 둘러싼 많은 것들이 무기한 정지되었고, 취소되거나, 연기되었다.

 시간이 눈에 뒤덮여 더는 흘러가지 않을 것 같았다. 하지만 그것은 나만의 착각이었다. 내가 눈에 파묻혀 있는 동안에도 세상의 사람들은 사계절을 살아가고 있었다. 사람들은 같은 시대를 살아가지만 같은 시간을 살아가진 않는다. 나의 시간이 더디게 흐를지라도 누군가의 시간은 쫓기듯 달려가 저만치 앞에서 숨을 고른다.

 어느 날 창문을 열어보니 낯선 계절이 화사한 얼굴로 웃고 있었다. 바깥도 여전히 한겨울인 줄로만 알았는데 어느새 선선한 바람이 들어와 집 안 구석구석 쾌쾌하게 쌓인 시간을 깨우기 시작했다. 어수선한 세상과 멈춰진 시간에 붙들려 계절의 순환을 잊고 살았는데 내가 사는 나라는 때가 되면 약속한 듯 다른 계절이 찾아오는 곳이었다.

몇 달 전까지만 해도 집에 머물 때는 낮에는 밝음이 불편해 암막 커튼을 친 채 지내거나, 환기를 시키다가도 창밖의 평범한 풍경이 이질적으로 느껴져 금세 창문을 닫곤 했었다. 그런데 요즘은 어둠이 답답해 암막 커튼을 활짝 걷고 온몸으로 햇볕을 쬐는 일에 익숙해졌다. 환기를 시키며 각자의 방향으로 길을 걷는 사람들의 평범한 일상을 오래도록 바라보기도 하면서.

집안을 가득 메운 맑은 공기에서 미세하게 달라진 온도를 체감할 수 있었다. 매서운 칼바람과 서늘한 기온이 아닌 계절이 변하는 길목에서 느낄 수 있는 미묘한 감촉의 온기. 그것은 다시 바깥의 시간과 어우러질 신호라도 되는 것처럼 나를 일깨우려 한다. 한동안 무뎌진 새 식삼알 수 없었던 모든 변화의 길목에 나는 이렇게 다시 놓여 있다.

103.

아빠의 체중이 조금씩 돌아오기 시작했다. 혈색도 많이 나아졌고, 식사량도 이전에 가까워졌다. 그리고 얼굴에 웃음기가 돌아왔다.

얼마 전에는 아빠가 내게 말도 없이 댄스 학원을 등록했다. 비슷한 연배의 원장 선생님이 사교댄스를 가르치는 작은 학원이었다. 그 사실을 내게 뒤늦게 말한 까닭은 아마도 내가 잔소리를 할 것이라 생각했던 걸까.

꾸준히 아침마다 댄스 학원에 다니는 아빠가 이제는 집에서도 틈날 때마다 스텝을 밟으며 연습을 한다. 아빠가 말했다. 사교댄스가 조금만 해도 땀도 흠뻑 나고, 허리 건강에도 좋다고. 게다가 늘 신나는 음악에 맞춰 춤을 추니 기분도 전환되고 웃을 일이 많아진다고. 학원에서도 진도가 빠르다며 칭찬도 많이 받는다고. 실제로 아빠는 그 말들을 할 때도 환하게 웃고 있었다.

아빠가 밝음을 되찾은 모습을 보니 조금씩 안심이 되었다. 이제는 아빠가 엄마의 부재에 서서히 적응을 하고 새로운 삶을 시작하는 것 같아서. 늘 근심이 가득했던 삶에서 벗어난 채 즐겁고 행복한 일상을 찾아가기 시작한 것 같아서.

가끔씩 통화를 할 때마다 댄스 학원에서의 소소한 일들을 수다처럼 내게 전해주는 아빠의 모습을 바라보면 나까지도 웃음이 났다.

한 번은 본가에 내려와서 아빠의 생활 반경을 가만히 바라봤다. 깔끔하고 정돈된 환경이었다. 나는 무심코 아빠에게 말했다. 새로운 환경에 생각보다 빠르게 적응한 것 같아서 다행이라고. 그런데 아빠의 대답이 의외였다. 아빠는 웃음을 유지한 채 이렇게 말했다.

아직은 시간이 더 필요할 것 같다고.

그 말을 듣는 순간 아차 싶었다. 겉으로 드러난 부분들만 조금씩 나아지고 있던 것뿐인데, 나의 방심이었다.

우리는 분명 조금씩 적응하며 나아지고는 있지만, 완전한 적응은 아마도 영영 불가능할지도 모른다. 사랑한 만큼, 함께 지내온 세월만큼 감당해야 할 슬픔의 크기도 비례한다면, 그건 수많은 사람 중 가족의 인연을 맺은 이들의 숙명과도 같은 게 아닐까.

서두르지 않아도 괜찮으니 아빠의 얼굴에도, 아빠의 마음에도, 진짜의 웃음이 많아지기를.

104.

TV에서 누군가 꼬마에게 물었다.

죽음이란 어떤 의미인가요?
이 세상에서 할 일을 다 한 거요.

죽음에 의미를 부여하는 건 어른들뿐인 걸까. 나이가 들수록 죽음에 가까워질수록 엄습하는 근원적인 두려움을 다스리기 위해서.

이 세상에서 할 일을 마치고 홀가분하게 떠나는 것,

어쩌면 그것이야말로 죽음을 대하는 가장 적당한 무게의 태도 일지도. 너무 가볍지도 무겁지도 않은, 적당히 심각하고 적당히 무심한 마음 같은 것.
때때로 아이들이야말로 순수함 하나만으로도 세상의 모든 진리를 관통한 존재처럼 느껴질 때가 있다.

105.

　글을 쓰는 방이 있다. 그 방에는 오래된 책상과 책장이 있는데, 한동안은 내 시선과 가장 가까운 책장 한 칸에 엄마의 사진 앨범과 유품들을 채워두곤 했다. 엄마가 사용하던 안경, 팔찌, 이어폰 같은 작은 물건들이었다. 시선에서 가장 가까운 곳에 엄마의 흔적들을 채워두니 의도치 않아도 내 시선은 엄마에게로 향했다.

　모니터를 바라보며 글을 쓸 때도, 책상에서 별다른 일없이 앉아있을 때도, 손님이 찾아왔을 때도, 시선은 늘 같은 곳으로 향했다. 엄마를 잊지 않으려는 의도였다면 의도가 정확하게 들어맞은 듯했다. 다른 일을 하다가도 문득 엄마와, 엄마의 부재에 관해 생각이 잠기곤 했으니까.
　그렇지만 너무 가까운 곳에 엄마의 흔적을 보관해두니 하루의 대부분의 시간을 책상에 앉아서 보내는 나의 일상이 대체로 가라앉는 느낌이 들었다. 그 흔적을 곁에 두고 다양한 일들을 하며 죄책감 비슷한 감정이 생기는 것도 같았다. 오래오래 마음속에 간직하는 것과, 모든 순간에 엄마를 떠올리는 것은 전혀 다른 이야기였다.

그래서 작고 예쁜 상자를 하나 샀다. 그 안에 엄마의 사진과 유품들을 담고 책장에서 조금 멀리 떨어진 서랍에 보관해두기로 했다. 일상의 시선에서 엄마를 일부러 멀리 떨어뜨려 두는 일에는 왠지 미안한 마음이 들었지만, 유품들과 거리가 너무 가까우면 일상을 온전하게 살아갈 수 없다는 변명 같은 결심을 엄마도 알아줄 것이라 믿는다.

그 이후로 엄마의 물건들이 시선에서는 멀어졌지만, 가끔씩 생각이 날 때면 언제든 보관해둔 상자를 열어본다. 적당히 멀어지는 일이 오래 그리워하는 방법이기를 바라면서.

106.

 오랜만에 본가에 내려와 아빠와 함께 점심 식사를 했다. 아빠는 그날을 자체 휴가로 삼고 출근하지 않았다. 식탁에 앉아 메뉴판을 살펴보는 순간 그의 전화기가 울렸다. 같이 사무실을 쓰는 사람 중 한 명의 전화였다.

 오늘은 왜 출근을 하지 않았느냐고, 무슨 일이 있는 건 아닌지 해서 전화를 했다고.
 아빠는 서울에서 아들이 내려와서 같이 식사를 하느라 오늘은 쉴 것이라 말하며 소년처럼 웃었다.

 그런데 그게 시작이었다. 식사가 나올 때, 숟가락을 들 때, 식사 중에도, 아빠의 전화기가 쉴 새도 없이 울렸다. 모두 사무실을 같이 쓰는 사람들이거나, 친구들이었다. 모두 그가 출근하지 않자 걱정이 되어서 전화를 한 것이었다. 아빠는 나중에 받아도 될 전화를 꼬박 받아들고는 지금 아들이랑 밥을 먹고 있다는 말을 전했다. 그러는 사이 우리는 어느새 식사를 끝내가고 있었다. 몇 마디 대화도 하지 못한 채로.

혼자 살아가야 하는 아빠의 일상을 심각하게 걱정하던 때가 있었다. 그동안 해오지 않았던 일들, 이를테면 혼자 마트에 가서 장을 본다든가, 적당한 옷을 고른다거나, 간단한 요리나 청소를 하는 방법들, 너무 외롭게 지내면 어쩌나 하는 염려 같은 것들.

그런데 요즘 아빠의 삶을 바라보면 누가 누구를 걱정했나 싶다. 주말이 되면 혼자 있을 아빠가 적적해할까 봐서 주변 사람들이 내버려두질 않는다. 등산이나 골프부터 시작해서, 마트에 가는 길인데 같이 가자는 사람들로 가득했다. 이번 김장철에는 다들 직접 담근 김치를 아빠에게 한 통씩 전해줬는데, 아빠는 넘치는 김치통을 더는 보관할 곳이 없다며 강제로 내 품 한가득 김치통을 안겨주기도 했다.

까마득하게 잊고 있었다. 아빠의 주변은 늘 사람들로 북적인다는 사실을. 오히려 나만 걱정하면 될 뿐 아빠는 스스로 잘 살아갈 수 있는 사람이라는 것을. 이 순간에도 아빠는 사람들과 울릉도 여행을 떠날 채비를 하고 있다. 연신 귀찮다며 불평을 하면서도 사람들 사이의 아빠는 부러울 정도로 행복해 보인다. 역시나 나만 잘하면 될 일이었다.

107.

'강가에서'라는 식당이 있다. 이름 그대로 강가에 위치한 고즈넉한 분위기의 경양식 집이다. 소탈한 인상의 아주머니가 꾸려가는 공간. 엄마와 함께 우리 세 식구가 기념일 때마다 조촐하게 식사를 하고, 주변의 산책로를 거닐던 곳이다.

엄마가 세상을 떠난 후 아빠와 다시 그곳을 찾았다. 셋이 가던 곳을 둘이서. 허전함과 어색함이 감돌았다. 널찍한 테이블을 사이에 두고 아빠와 함께 메뉴를 고르고 있을 때 아주머니가 다가왔다.

오랜만에 오셨네요.

아주머니가 엄마의 빈자리를 눈치챘는지 의아한 표정을 지었다. 올 게 왔다고 나는 생각했다. 하지만 아주머니는 엄마의 부재에 관해 묻지 않았다. 슬픈 눈으로 우리를 바라보며 말없이 식사 주문을 받을 뿐.

식사를 하는 동안에도 아주머니가 우리에게 유난히 신경 쓰고 있다는 걸 느낄 수 있었다. 멀찌감치 떨어진 채 식당 일을 하면서도 수시로 우리에게 눈길을 주고 있었다. 요청하지 않아도 반찬이 떨어지면 말없이 몰래 채워주면서.

그동안 서로 대화를 나눈 적은 없었지만 아주머니는 많은 걸 짐작하고 있었나 보다. 셋이서 식당을 찾을 때마다 급격하게 줄어가는 엄마의 식사량과, 변해가는 안색을 줄곧 지켜봐 왔던 걸까.

우리는 조용히 밥을 먹었다. 일부러 시답잖은 대화들만을 나누면서. 말없이 우리의 사정을 헤아려주던 아주머니의 속 깊은 배려가 참 고마웠던 날.

108.

 엄마의 죽음을 떠올릴 때마다 나는 줄곧 엄숙해졌지만, 이제는 엄숙해지기보다는 오랜만에 전해 들은 옛사람의 안부처럼 조금은 담담하게 맞이할 수 있을 것 같다. 감정의 뿌리는 슬픔이겠지만, 슬픔도 시간이 흐르면 다양한 갈래의 감정으로 변하는 걸까. 슬픔의 뿌리에서 자라난 그리움, 다정함, 따뜻함, 충만함, 아늑함. 물론 같은 뿌리에서 자라난 부정적인 감정들도 많았지만, 그런 감정들은 생의 의지로 하나씩 자연스레 다듬어지다 보니 이제 내게 남은 건 결국 사랑의 감정들뿐이다.

 장례식을 고인의 또 다른 생일처럼 축하해주며 떠나보내는 문화권도 많은 걸 보면, 죽음도 어떤 방식으로 받아들이느냐에 따라 남겨진 사람들의 마음과 감정도 크게 달라지는 듯하다. 탄생을 축하하듯이 죽음 또한 축하해줄 수 있는 문화란 어떤 걸까. 당신의 몫을 살고 먼저 돌아갔으니, 우리도 우리의 몫을 살다가 돌아가면,

그때 우리 서로 다시 만나게 될 것이라는 믿음인 걸까. 당장의 죽음은 슬프지만 결국은 잠시뿐인 이별이 될 것이라는 그런 믿음. 혹은 당신을 만나 일평생 행복했으니 다시 만날 수는 없을지라도, 그것이면 충분하다는 마음일까.

돌이켜보면 장례식이 슬프고 엄숙하기만 할 필요는 없었지만, 아직 우리에겐 즐겁게 누군가를 떠나보내는 문화가 낯설기만 하다. 호상이라는 말만 꺼내도 서로 얼굴을 붉히게 되는 일이 허다하니까. 하지만 죽음이라는 무거운 현상을 삶의 끝이 아닌 자연스러운 하나의 과정으로 받아들일 수 있다면, 그래서 고인도 남겨진 사람도 조금 더 가벼워질 수 있다면, 죽음에 대한 두려움보다는 삶의 지속성에 중심을 둔 채 살아가는 것도 불가능한 이야기는 아닐 것이다.

비록 모든 게 믿음에 불과할지라도.

109.

차를 타고 추모공원에 들어설 때마다 눈길이 머무는 곳이 있다. 주차장으로 가는 길에 세워진 현수막에는 이런 글귀가 적혀 있다.

오느라 고생했다. 건강만 해라.

예전에는 무미건조하게만 느껴졌던 그 글귀가 이제는 내면 깊은 곳으로부터 뜨거운 감정을 끌어올린다. 누군가 마중 나온 듯한 기분이 들어서일까. 그때마다 나는 어린아이가 되는 느낌이다. 몰래 따뜻한 품속으로 파고들던 그때의 감촉.

오느라 고생했다. 건강만 해라.

가장 그리웠던 말이다.

110.

눈 내리는 계절이 지나고 어느새 꽃 피어나는 봄이다. 유독 눈이 많이 내린 겨울이었다. 덕분에 한곳에 머무르며 하염없이 눈을 바라보던 날들이 많았다. 눈이 쌓이는 것처럼 생각도 수북이 쌓여만 갔다.

그때마다 눈이 녹지 않기를 바라는 마음과, 상실에 익숙해지지 않기를 바라는 마음으로 글을 썼다. 끝내 받아들여야 하는 것 앞에서 괜스레 투정을 부리는 두 마음은 서로를 닮아있었다. 순리를 거스를 수 있다고 믿진 않았다. 다만 순리일지라도 조금은 늦춰보고 싶은 미련에 가까웠다.

여전히 눈 쌓인 거리가 많지만 머지않아 녹아내릴 것을 안다. 눈 녹은 자리에 꽃이 피어나면 수북했던 생각도 서서히 녹아내릴까. 투정이나 미련만큼 진심인 마음도 없을 테지만, 살다 보면 진심과는 별개로 억지로라도 익숙해지지 않으면 더는 앞으로 나아갈 수 없는 순간이 많은 듯하다.

눈 속에 머물던 지난겨울은 내게 긴 회복기 같은 시간이었다. 발이 푹푹 빠지는 눈밭에 너무 오랫동안 묻혀 있었다. 언 몸을 녹이며 이제는 어깨에 쌓인 무거운 눈들을 털어내려 한다.

비로소 봄이 오려 한다.

111.

2년 후.

같은 곳에서 일을 하고, 같은 장소에서 글을 쓴다. 일주일에 세 번 이상은 운동을 한다. 차분하고 성실하게. 나는 별반 달라진 것 없이 여전하다. 한 달에 한 번은 본가에 내려가 아빠와 함께 식사를 한다. 여전히 우리 사이에 침묵이 흐를 때가 많지만, 이제는 적막함 사이에 농담도 끼어든다. 식사를 마치면 아파트 주변을 산책하기도 하고, 가까운 마트에 가서 장을 보기도 한다. 이제 아빠는 자신의 일상에 필요한 최소한의 물품들을 구하고, 관리하는 방식을 능숙하게 알고 있다.

우리에게 엄마에 관해 생각하는 일이 오직 슬픔과 고통이었던 시절도 있었지만, 이제는 그보다는 아름다웠던 순간들을 떠올리게 된다. 후회와 죄책감으로 눈 덮인 우리의 마음을 뚫고 어느새 푸른 잎사귀가 고개를 든다. 우리는 작지만 강인한 생명력을 지닌 그 힘에 기대어 다시 웃음을 되찾아가고 있다.

빈자리는 여전히 낯설지만, 더는 두렵지만은 않은 까닭은 바로 우리가 망망대해 위에서 표류하는 것이 아닌, 은연중에 라도 엄마가 살아온 자취를 부표 삼아 따라가고 있기 때문일 것이다. 늘 그 자리에 떠있는 부표의 존재가 우리를 거대한 삶의 암초로부터 지켜줄 것이라고 믿는다.

모든, 새로운 시작이다.

故

1957~2020

엄마에게

긴 작별 인사

Copyright ⓒ 2022 by 오수영

초판 1쇄   2022년 02월 15일
개정 2쇄   2025년 05월 26일

글   오수영
편집   오수영
디자인   오수영

발행인   오한조
발행처   고어라운드
출판등록   2021년 4월 12일 제 2021-00000025호
전자우편   grd-books@naver.com
팩스   0504-202-9749

ISBN   979-11-980900-8-9 (03800)

*책의 일부 또는 전부를 재사용하려면 반드시 저작권자와 고어라운드 출판사 양측의 동의를 얻어야 합니다.
*잘못된 책은 구입하신 서점에서 교환해드립니다.